知的障害・発達障害の人たちのための

新・見てわかる
ビジネスマナー集

「新・見てわかるビジネスマナー集」
企画編集委員会　編著

➡ 面接の前に準備しておくこと

➡ 働き始めてから気をつけること

➡ 仕事をするときに心がけること

➡ 仕事と自分を大切にすること

ジアース教育新社

この本を活用するために

● ルールとマナー ●

　仕事に就くということは、職場のチームの一員として何人もの同僚や上司と協力して働くことです。チームの一員である以上、守らなくてはならないルールがいくつもあります。例えば、出社時間・退社時間などは、いくつかある基本的なルールのひとつです。また、徹底した安全管理や衛生管理についてのルールが求められる職場もあります。仕事に就くということは、このルールを守ることが大前提になります。当然、ルールから外れるようなことがあれば、いろいろなかたちの注意や、ときには罰則を受けることになります。

　しかし、ルールをしっかり守るだけでは、成果が上がる職場のチームにはなりません。社員教育や福利厚生など、チームの成果を上げるために、会社にはさまざまな仕組みが用意されています。さらに、チームのメンバーが、お互いに気持ちよく仕事ができる環境づくりも大切です。このような環境があるから、ときには厳しい仕事にもチャレンジし、成果を上げることができるのです。チームで気持ちよく仕事ができる環境づくりには、一人ひとりに一定のマナーが求められます。これが、ビジネスマナーです。

　マナーは、ルールのように明確に文書に記されたものだけではありません。また、マナーから外れたからといって、必ずしも上司から注意を受けるわけではありません。しかし、だれかがいくつかのマナーを勝手に軽視し始めると、職場環境は悪化し、成果を上げられないチームになってしまいます。チームで働く以上、ビジネスマナーはとても大切なものなのです。

● ビジネスマナー ●

　ビジネスマナーには、いくつかの基本的な振る舞い方があります。清潔な服装で通勤することや朝のあいさつなどが代表的なものです。ビジネスマナーの最初の学びは、この基本的な振る舞い方を覚えることからスタートします。

　本書では、44項目の基本的なマナーを取り上げ、①どのように振る舞えばよいのか、②マナー違反をするとどんな悪影響があるのか、わかりやすくイラスト入りで解説しています。この本を読み、基本的なビジネスマナーにはどのようなものがあるのかを確かめてください。

● ビジネスマナーの学び方 ●

　ビジネスマナーは、知識として覚えることがゴールではありません。毎日職場で実践するものです。ところが、ビジネスマナーとしてふだん正しい振る舞いをしているかどうか、自分で気づくのはなかなか難しいことです。ビジネスマナーは、社内外の人への「思いやり」が重要なポイントになります。つまり、自分の振る舞い方が、周囲の人に「どう受け止められているのか」、「どう感じられているのか」が大切になるのです。

　実践に入る前に、まず職場の中で自分の振る舞い方を評価してくれる人、応援してくれる人を見つけ

ることが大切です。新入社員の時期だと、職場で仕事を教えてくれる先輩や悩みの相談にのってくれる研修担当者が配置されている場合があります。このような人は、まさに応援してくれる人として適任です。また、直属の上司にこの本を見せて、「ビジネスマナーをしっかりと身につけたいので、アドバイスをお願いします」と依頼することもできます。もしも、ビジネスマナーの学習を応援してくれる人が職場にいないと、気づかないまま自分本位な振る舞いを続けてしまうかもしれません。

　次に、本格的な実践です。まず、ビジネスマナーの項目を2つか3つ選び、半月から1カ月、自分で考えた振る舞い方を職場で続けます。自分で振る舞い方を考えるのが難しい場合は、職場で応援してくれる人に相談して、「いつ」「どのような振る舞い方をするか」を決めます。また、職場で実践する前に、自宅で何回か実際の振る舞い方を練習してみることも大切です。いつもと違う、新しい振る舞い方をするには勇気がいるものです。ビジネスマナーの学習には、この勇気が求められます。

　半月から1カ月実践を続けたら、職場で応援してくれる人に評価を聞きましょう。ほぼ合格なら、新しいビジネスマナーに挑戦します。もちろん、これまで実践したビジネスマナーも継続していきます。そして、この学習を半年以上続けると、あなたのビジネスマナーの実践力は、かなり高まっているはずです。

● 無理は禁物 ●

　半月から1カ月実践を続けても、評価が不合格だったら、また、合格であっても、毎回勇気を振り絞らないと振る舞えないなら、選択したビジネスマナーの学習をいったん中止します。ビジネスマナーの多くは、その学習に1カ月も時間がかかるようなものではありません。また、ビジネスマナーは、最初の数回の振る舞いには勇気が必要ですが、半月から1カ月経っても勇気を振り絞らないと実践できないものではありません。

　このようにつまずいたら、計画変更です。選択したビジネスマナーの実践を続けるかどうか、職場で応援してくれる人に相談しましょう。さらに、地域の就労支援機関の相談員や精神科等の主治医がいれば相談してください。無理せず学べそうな別の項目や方法を一緒に考えてくれるかもしれません。また、あるビジネスマナーの振る舞い方ができなくても、社内外の人たちに好感をもってもらう方法が探せるかもしれません。

　ビジネスマナーは、職場で働き続けるために重要なものです。しかし、すべてのビジネスマナーの振る舞い方ができないと、働き続けられないわけではありません。もし、習得できないビジネスマナーがあっても、職場で応援してくれる人や上司、必要に応じて就労支援機関の相談員などと意見交換することで、対応策を見つけ出すことができるのです。この意見交換を行うことが大切なのです。

● これから就職しようとする人たちへ ●

　現在、学校や職業訓練を行う機関に通い、これから就職しようと考えている人たちにとっても、ビジネスマナーの学習は重要です。実際に求職活動を行う前、インターンシップ・実習前には、ぜひビジネスマナーの習得に挑戦してください。幸い、学校や職業訓練機関には、このような学習を助ける先生や指導者がいます。ぜひ、この本を活用し、先生や指導者と相談しながら学んで身につけてください。

もくじ

第1部 ビジネスマナー集

第1章 面接の前に準備しておくこと

第2章 働き始めてから気をつけること

第3章　仕事をするときに心がけること

第4章　仕事と自分を大切にすること

第2部 職場での具体的な配慮と支援の事例

第1部

ビジネスマナー集

　職場には「ビジネスマナー」と呼ばれるものがあり、社内外の人たちとのコミュニケーションを円滑に図るために欠かせない働きをしています。

　第1部では、このビジネスマナーを4つの章に分けて紹介します。マナーごとに、「これはマナー違反です」「こんなとき、相手や周りの人はどう感じるでしょう」などの項目でわかりやく説明し、具体的なイラストもたくさん掲載しています。

　本書を活用してビジネスマナーをしっかりと身につけ、社内外の人たちから「社員」として「社会人」として認められる人に成長していきましょう。

・第1章・

面接の前に
準備しておくこと

就職するためには、
まず会社の採用担当者に会い、
自分がどんな人物かを
知ってもらわなければなりません。
会社見学や面接で必要とされる
ビジネスマナーを紹介します。

① 会社見学や実習の心得

　自分の働く場所を決めるためには、その会社がどんな会社なのか、自分で見学して確認することが大切です。わからないことは質問をして、その会社のことをよく知ってください。また、実習はあなたのことを会社の人に知ってもらう大事な機会です。見学のときと同じように、しっかり準備しましょう。

会社見学や実習で必要なこと

❶ 事前に電話で連絡を取る

- 自分の名前や所属、見学の目的、見学に行く人数を伝える。
- 会社見学できる日を聞き、行く日時を決める。

- ●見学目的
- ●見学人数
- ●見学日時

❷ 決められたとおりに見学する
- 案内してくれる人について行く。
- 勝手に写真を撮ったり物に触ったりしない。
- スマホの電源を切っておく。

❸ しっかり聞いて、しっかり話す

- ていねいな言葉づかいで話す。
- 大事な話は忘れないようにする。必要なときはメモを取る。
- 聞きたいことがあるときは、「何か質問はありますか？」と言われてから、または「質問してもいいですか？」と聞いてから質問する。

❹ 見学にふさわしい服装や態度で見学する

➡ P12、13「②面接時の服装」と P14、15「③面接時の態度」を参照。

❺ 実習に取り組むとき

- 自分の働く力を見てもらい、「一緒に働きたいな」「この会社に来てほしいな」と思ってもらうことが大事。
- 実習をとおして、その会社（仕事）と自分が合っているかどうかを判断する。また、実際の仕事内容でうまくいかないところを調整してもらう。

✕ これはマナー違反です

- 自分の都合だけで無理に見学をお願いする。
- 見学している途中でおもしろそうな仕事を見つけ、勝手に見に行ってしまう。
- わからないことがあったとき、説明を聞いている途中でもすぐに質問してしまう。
- 「○○って何？」「○○ってどうなってるの？」と、友達と話すような言葉づかいをする。
- 会社見学をしている最中に、スマホが鳴る。

？ こんなとき、相手や周りの人はどう感じるでしょう

- 会社が忙しいときなのに、自分の都合を優先して無理な見学希望をしてくる。自分勝手な人と一緒に仕事をするのはたいへんそうだ！
- 見学コースの途中で勝手にほかの場所を見に行くなんて、自分が好きなことにしか興味がないのかな？ 会社のルールを守ってくれるかどうか心配だ！
- ていねいに説明している最中なのに、自分が聞きたいことばかり質問して失礼だ！ 相手のことを考えたり、少し待ったりすることができない人なのかな？
- 友達みたいな話し方をしていて、社会人として一緒に働けるか心配だ！

チェックポイント ✔️✏️

- ☐ 見学のときは、案内してくれる人について行き、姿勢をよくして話を聞く。
- ☐ 聞きたいことがあるときは、「質問はありますか？」と聞かれてから質問する。
- ☐ 実習では自分の働く力をよく見てもらい、自分もその会社や仕事が合っているかどうかを検討する。

11

会社の人は、面接のときの服装や態度などを見て、あなたがどんな人かを知ろうとします。相手に失礼のない服装をしていくことで、あなたの印象はとてもよくなります。面接時の服装や靴は、少し早めに試着をして調整して、慣れておくようにしましょう。

会社を訪問するときの基本的な服装

❶ スーツを着る

- 黒、グレー、紺などの落ち着いた色がよい。
- しわにならないように、スーツはハンガーにかけてしまっておく。
- 暑いときも上着は持って出かけ、会社に入る前に着るようにする。
  ＊制服のある生徒は、制服で大丈夫。

❷ ワイシャツやブラウスを着る

- 色は白っぽいものを選ぶ。
- アイロンをかけておく。
- ボタンをしっかりととめる。

❸ ネクタイを締める（男性）

- 自分で結べるようにふだんから練習しておく。

　＊ゆるめて締めるだけで、きれいにつけられる簡単な "ワンタッチネクタイ" もある。

❹ 靴下やストッキングをはく

- 靴下は、ズボンや靴の色に合わせて、黒、グレー、紺など目立たないものをはく。
- ストッキングは、肌色系の目立たないものをはく。

❺ 革靴に慣れておく

- 靴ベラを使ってはくなど、はき方の練習もしておく。
- １カ月ぐらい前から、実際に靴をはいて慣れておく。

✕ これはマナー違反です

● ふだん着ているジーンズやＴシャツで出かける。
● スーツやワイシャツがしわだらけで汚れている。
● ワイシャツのボタンを２、３個はずしたままで、会社の人に会う。
● 背が高く見えるように、かかとが７cmもあるハイヒールの靴をはいていく。
● 大きなピアスやネックレス、指輪などをたくさんつけておしゃれをしていく。

な、なんて服装してるの!?

？ こんなとき、相手や周りの人はどう感じるでしょう

● 会社ではみんなきちんとした服装で働いているのに、Ｔシャツで面接に来るなんて失礼だ！　本当にこの会社で働きたいのかな？
● しわだらけで汚れた服を着てくるなんて、自分のこともできないのに、責任ある仕事ができるか心配だ！
● あんなに高いかかとの靴をはいて仕事ができると思っているのかな？　歩きやすく動きやすいかかとの高さは３〜５cmだよ！
● 派手なおしゃれは仕事には必要ないのに……。本当に働く気持ちがあるのかな？

チェックポイント ✔✏

☐ スーツや靴、靴下は、黒、グレー、紺など、ワイシャツやブラウスは白系を選び、落ち着いた色のものを身につける。

☐ 服は清潔にして、しわのないようにする。

☐ 靴は、実際にはいて慣れておき、きれいに磨いておく。

☐ アクセサリーなどで派手なおしゃれはしない。

③ 面接時の態度

　面接は、会社の人と初めて話す大切な場面です。面接での態度がよくなければ、その会社で働くことはできません。また、会社の人はこのために時間をつくってくれているので、感謝の気持ちを忘れてはいけません。きちんとした態度で面接に向かえば、真剣な気持ちは相手に伝わります。

しつれい
失礼します

基本的な面接時の態度

❶ 身だしなみを整える
- 会社に入る前に、服装や髪などの身だしなみをもう一度チェックする。
- スマホの電源を切る。

❷ 姿勢をよくする
- 立っているときも座っているときも、背筋を伸ばす。
- いすに座るときは、背もたれに寄りかからず、手はひざの上に置く。

❸ あいさつや言葉づかいに気をつける
- 「〜です」「〜ます」という終わり方で話す。
- 部屋に入るときは「失礼します」、質問に答えるときは「はい」、面接が終わったら「ありがとうございました」と言う。
- はっきりとていねいに、相手に聞こえる声で話す。

❹ 面接に集中する
- 話しているときは、相手の顔（目や口元）を見る。
- あくびは絶対にしない。そのためにも面接に向けて体調を整え、前日は早く寝るようにする。

はい

○○です

✕ これはマナー違反です

● 面接の途中でスマホが鳴り出したり、スマホの画面をのぞいたりする。

● いすの背もたれに寄りかかって、腕を組んだり足を組んだりして話を聞く。

● 「面接を終わります」と言われて、そのまま黙って部屋を出る。

● 相手が話しているときに、あくびをする。

? こんなとき、相手や周りの人はどう感じるでしょう

これで面接を終わります

● 面接に来ているのに、なんで足を組んで偉そうにしているのだろう。失礼だな！

● ていねいに説明しているのに、あくびをするということは退屈なのかな？　本当にこの会社で働きたいと思っているのかな？

● 忙しい中で面接時間をつくったのに、「ありがとうございました」も言わず帰るなんて失礼だ！　一緒に仕事をするのは難しそうだな！

チェックポイント ✔️🖉

☐ 面接の前に身だしなみの再チェックをする。

☐ スマホの電源は切っておく。

☐ 姿勢は、立っているときも座っているときも背筋を伸ばす。

☐ あいさつや返事は、はっきりとていねいに言う。

☐ 話しているときは、相手の顔（目や口元）を見て、相手に集中する。

15

就職希望の理由（動機）を伝える

　面接は、自分がその会社で働きたいと希望を出し、会社にお願いをしてやっていただくものです。面接当日はだれもが緊張してしまう場面なので、じょうずに話をしたり、いろいろな質問にうまく答えたりできないものです。そのために、"どんなことを聞かれるか" "どんなことを話すか" を事前に考えて準備しておくと、少し自信がもててスムーズに話すことができるでしょう。

聞かれたら答えられるようにしておくこと

❶ **自分のことについて答える**

- 「あなたの名前は？」「どこの学校に通っていますか？」「どこに住んでいますか？」「会社までどうやって来ましたか？」「今までに働いた経験はありますか？」など。
- よけいなことまで話さず、聞かれたことだけをていねいに答える。

❷ **会社で働くために必要なことについて答える**

どんな仕事がしたいですか？

パソコンを使った入力作業です

- 「この会社のことは何で知りましたか？」「この会社を希望した理由は何ですか？」「どんな仕事をしたいですか？」など。

❸ **自分のよい点（長所、セールスポイント）について答える**

- 「あなたの得意なことは何ですか？」「苦手なことはありますか？」などの質問。
- 「自分のよいところ」などは、先生や支援者、家族などと事前に話し合っておくとよい。

❹ **ていねいな言葉づかいで、はっきりと話す**

- 「〜です」「〜ます」という終わり方で話す。
- 質問が聞き取れなかったら、「すみません。もう一度お願いします」と言う。
- 質問がわからないときは、「すみません。わかりません」と正直に答える。

✕ これはマナー違反です

- 「どうやって会社まで来ましたか？」と聞かれて、乗ってきた電車や好きな電車の話をずっとする。
- 「この会社を希望した理由は何ですか？」と聞かれても、答えられない。
- 「あなたの得意なこと、苦手なことは何ですか？」と聞かれて、苦手なことばかり話してしまう。
- 質問された内容がわからず、ずっと下を向いて黙ってしまう。

？ こんなとき、相手や周りの人はどう感じるでしょう

- 質問以外の話ばかりして、何だか子どもっぽい態度だな。会社で働いていけるか心配だ！
- 自分で希望して来ているのに、どうしてその理由を答えられないのかな？　本当にこの会社で働きたいと思っているのかな？
- 苦手なことばかりを話して、前向きな気持ちが伝わってこないな。働けるか心配だなあ。
- わからないなら、質問すればいいのに。仕事をするときも、こんな態度だと困ってしまうなあ！

チェックポイント ✔️🖊️

- [ ] ていねいな言葉づかいで、はっきりと話す。
- [ ] 自分のことやその会社を希望した理由（動機）を答えられるようにしておく。
- [ ] 自分の得意なことやがんばりたいと思っていることを、整理して話せるようにしておく。
- [ ] 学校や支援機関、家などで面接の練習をしておく。

⑤ 伝えたい得意なこと・苦手なこと・配慮してほしいこと

　知的障害や発達障害にはそれぞれ共通の特性がありますが、その個人差は大きいです。安定して働いていくためには、自分の得意なことや苦手なこと、配慮してほしいことを整理して、面接のときや就職したときに会社に伝えて知ってもらうことが大切です。まずは、自分の得意なこと・苦手なことを伝えることから始めましょう。配慮してほしいことは仕事をしていくなかで気づくことも多いので、そのつど伝えていくことが必要です。

　何を伝えるかは自分で決めることですが、判断に迷うときは、家族や先生、支援者、主治医などに相談するとよいでしょう。

得意なこと・苦手なこと・配慮してほしいことの整理

　自分の得意なこと・苦手なこと・配慮してほしいことについて、下の項目と例を見ながら、学校や以前の職場の経験などから整理します。自分が思うことに加え、家族や先生、支援者、主治医、以前の職場の人などに言われたことも参考にして考えます。

---

① 得意なこと

　(例)・短い時間なら集中して作業できること　・新しい仕事も時間をかければ覚えられること
　　　　・メモや手順表を見て、順番どおりに作業すること　・数字を記憶すること　など

② 苦手なこと

　(例)・言葉だけで説明されること　・次にやることに気持ちや行動を切り替えること
　　　　・一度に複数の指示を受けること　・周囲の音が気になって集中できないこと
　　　　・予定が急に変わること　・並行作業をすること　・人と雑談をすること　など

③ 配慮してほしいこと（助かったり、やりやすかったりすることなど）

　(例)・新しい仕事を覚えるのに時間がかかることを、あらかじめ理解してもらったので助かった。
　　　　・言葉の説明だけでなく「作業手順表」を書いてもらうと、正確に仕事ができてやりやすい。
　　　　・混み合った食堂が苦手なので、昼休みの時間を30分ずらしてもらうと助かる。　など

④ 通院・服薬など

　・通院（約　　回／週・月・年）　**・服薬**（自分で管理して服用できるか　など）

✕ これはマナー違反です

- 仕事をしていくなかで、苦手なことや配慮してほしいことが新しく出てきたのに伝えないでいる。
- 自分の苦手なことの理解が不十分で、任される仕事はなんでもやろうとする。
- 通院の日が増えたにもかかわらず、職場の人にそのことを伝えないでいる。

？ こんなとき、相手や周りの人はどう感じるでしょう

- 返事は「はい」と言っているけど、本当にこの仕事を任せて大丈夫だろうか？
- 仕事への集中力はすごいが、途中の変更は頼めなくて困った。配慮してほしいことがあったら教えてほしい。
- 通院のための休暇が増えているけど、これまでのように働いてもらえるのかな？　心配だ！

チェックポイント ✓🖊

- [ ] 知的障害や発達障害には、それぞれ共通した特性があるが個人差も大きいので、自分の得意なことや苦手なこと、配慮してほしいことを職場の人に知ってもらうことが大切。

- [ ] 得意なことや苦手なこと、配慮してほしいことの整理は、自分が思うことに加えて家族や先生、支援者、主治医、以前の職場の人などから言われたことも参考にして考える。

- [ ] 仕事をしていくなかで、得意なことや苦手なこと、配慮してほしいことが新しく出てきたら、そのつど伝えていくことが必要で大切。

働く人の生活は日々の生活から始まる

　安定して働く生活を続けていくためには、実は日々の生活がたいへん重要です。朝起きること、出勤の準備をすること、家の片づけをすることなどを家族やグループホームの世話人さんに任せきっている人はいませんか？

　すべてのことが一人でできなければ生活できないわけではありません。しかし、あまり家族や世話人さんなどに頼りすぎていると、急に手助けがなくなったときに、日々の生活を続けることが難しくなり、働くことにも大きな影響が出てくるのです。

　安定して働き続けていくために重要なのは、日々の生活に必要な基本的なことを自分でやる習慣を少しずつ増やしていくことです。家族や世話人さんなどと相談し、協力してもらいながら、できることは自分でやる習慣を身につけていきましょう。

■基本的な日々の生活に必要なこと（衣・食・住）
- 衣　季節やTPOに応じた服装・身だしなみ、クリーニングやアイロンがけなど
- 食　三食の食事と栄養バランス、飲酒・喫煙の量、収入に応じた食事の工夫など
- 住　洗濯、掃除、ゴミの分別、ゴミ出し、家賃・公共料金の支払いなど

健康の維持に向けて

　だれもが健康に働いて、楽しく暮らして長生きしたい、病気になりたくないと思っています。病気になると、働くことが難しくなったり好きなことができなくなったりします。病気を予防して健康でいるためには、栄養・運動・休養が大切で、社会人として健康管理は必須です。予防も含め、自己管理の方法を身につけましょう。

●健康維持・増進のポイント●
◆栄養バランスを考えて食べる。 　➡『見てわかる社会生活ガイド集』P85、86参照 ◆休養やよい睡眠を十分にとる。 ◆無理なく楽しい運動習慣を身につける。 ◆規則正しい生活習慣を身につける。 ◆たばこは吸わないで、お酒は適量を守る。 ◆ストレスの解消を心がけてため込まない。 ◆定期的に健康診断を受け、病気を予防する。

●風邪・インフルエンザ予防のポイント●
【 もらわない・うつさないのが基本 】 ◆手洗い・うがい・清潔 ◆栄養・水分補給・睡眠・休養 ◆かかってしまったら、体の回復と人にうつさないために会社を休み、休養する。会社復帰後数日は、マスクを着用する。 ◆自己判断をしないで病院へ行き、医師の診断を受け治療する。

第2章

働き始めてから
気をつけること

まずは服装や身だしなみ、
通勤時に気をつけることなどを
確認しましょう。
また、職場内でのあいさつや移動、
トイレの使い方なども身につけましょう。

⑥ 通勤と職場での服装

働く人にふさわしい通勤や職場での服装は、清潔感があり働きやすい服装であることが大切です。通勤時の服と職場での服が同じ人は、普段着や遊び着とは区別して落ち着いて働きやすい服を選択します。出勤してから制服や仕事着に着替える人も、社会人として社員としてふさわしい服装が求められます。

また、服装として"何を着るか"は大切なことですが、"どう着こなすか"も同じくらい大切です。同じ服を着ていても、着こなし方によってはだらしなく見えてしまう場合もあるのです。

通勤や職場での基本的な服装

❶ 清潔な服装をする
- 男性も女性もスーツは黒やグレー、紺などの落ち着いた色でサイズの合ったものが基本。
- ワイシャツやブラウスは白っぽいものを選び、アイロンがかけてあり、しわがついていない。
- 服は汚れやシミがなく、ボタンが取れていたり糸がほつれていたりしない。
- 靴は磨いてあり、かかとは高すぎず歩きやすいもの。

❷ ファッション性より機能性を重視し、動きやすく落ち着いて仕事ができる服装が基本

❸ 制服や仕事着は…
- 体に合ったサイズの服を選び、必要なら調整する。
- 制服や仕事着は決められた着こなし方を守る。
- 仕事着のクリーニングは、職場で決まっているルールを守る。
- 破れたりボタンが取れたりしたときは、修理してから着る。

✗ これはマナー違反です

● ジーンズやＴシャツなどの普段着や遊び着で出勤する。
● 蛍光色や原色の組み合わせ、露出度が高いデザインの服、派手で目立つブランド品を着て出勤する。
● スーツを着ていても、ネクタイが曲がっていたり、ワイシャツやブラウスにしわや汚れがあったりする。パンツに折り目が入っていない。
● スーツの上着やパンツのポケットが、物を入れすぎてパンパンにふくらんでいる。
● しゃがんだり手を伸ばしたりしたときに、お腹や背中、下着が見えてしまう。

？ こんなとき、相手や周りの人はどう感じるでしょう

● しわや汚れが目立つ不潔そうな服装だな。周りの人を不快にしては仕事もうまくいかないよ！
● ボタンをはずすなど制服の正しい着こなしをしていない。お客様は会社のよいイメージや従業員の一体感に疑問をもってしまうかも？
● ジャラジャラした大きなアクセサリーが、目障りになっているのに気づかないのかな？　職場は仕事をするところだよ！

チェックポイント ✔🖊

☐ 通勤や職場では、動きやすくて清潔感のある働きやすい服装を選ぶ。

☐ 毎日同じスーツを着ないために、春夏用と秋冬用を2、3着ずつ用意し、靴もそれに合わせて用意する。シャツ（ノーアイロンが便利）や靴下は4〜6枚（足）用意しておく。

☐ "何を着るか"も大切だが、"どう着こなすか"も同じくらい大切。

☐ 服に汚れやシミがついていないか、糸がほつれていたりボタンが取れたりしていないかなどを、前日の夜や出勤前にチェックする。

＊パンプスではなく、動きやすいスニーカーの着用を認める職場も増えている。

23

　働く人たちが明るく清潔感のある身だしなみをしている職場は、職員もお客様も清々しく感じるものです。そのため、出勤前の身だしなみチェックはとても大切です。

　職場で制服や仕事着に着替えたときには、もう一度服装や髪を確認します。また、においは目に見えないのでなかなか気づきにくいものです。普段から注意を払いましょう。

基本的な身だしなみ

出勤前の身だしなみチェックリスト

① 髪：寝ぐせがない、フケがない、長い髪
　　　は束ねる

② 目：目やにがない

③ 鼻：鼻毛が見えない

④ 口：口臭がない、口の周りがきれい

⑤ 爪：短い、きれい

⑥ 体：汚れていない、においない

⑦ 足：汚れていない、においない

⑧ 服：汚れていない、しわがない、汗ジミ
　　　やにおいがない、ボタンなどのしめ
　　　忘れや服のはみ出しがない

⑨ 靴：汚れていない、においない

⑩男性：ひげがきれいに剃れている

⑪女性：薄くてナチュラルな化粧

24

✖ これはマナー違反です ➡対処法

- 髪 ：寝ぐせがある、フケが目立つ ➡市販の寝ぐせ直しスプレーを使う、髪を洗う。
- 目 ：目やにがある ➡顔を洗うかティッシュでふく。
- 鼻 ：鼻毛が見える ➡ハサミや電動鼻毛カッターなどで切る。
- 口 ：口臭がある
  ➡歯を磨く、マウスウォッシュや口臭スプレー、ガムなどでにおいを消す。
- 爪 ：長い、爪あかがある ➡休みの日に爪を切る習慣をつける。
- 体 ：体や髪が汚れている、におう
  ➡お風呂での洗い方を検討する。制汗スプレーやデオドラントを使う。
- 足 ：汚れている、におう ➡足をせっけんで洗う。
- 服 ：汚れている、しわだらけである ➡スーツは帰宅後ハンガーにかけ手入れをする。
  ワイシャツやブラウスは洗濯してアイロンをかける。下着や靴下は毎日取り換える。
- 靴 ：汚れている、におう ➡陰干しをして磨く。消臭スプレーを使う。3足くらいの靴
  をローテーションではく。
- 男性：ひげが伸びている、剃り残しがある
  ➡電気カミソリなどを使う。よく伸びる人は職場にも1台置いておくと便利。
- 女性：派手すぎる化粧、派手なネイルアート ➡会社は仕事をするところ、休日とは区別。

❓ こんなとき、相手や周りの人はどう感じるでしょう

- 汚れた服やしわだらけの服で出勤するような自分の管理もしっかりできない人には、安心して仕事は任せられないな！
- 髪の毛が整っていなかったり、爪が伸びて汚れていたりしてだらしがないな。お客様がいらっしゃるのに、同じ社員としてはずかしい！　本当に仕事をする気があるのかな？

チェックポイント ✔🖊

- ☐ 「出勤前の身だしなみチェックリスト」（P24）を活用する。
- ☐ 毎日、お風呂やシャワーを使って体や髪を清潔にする。
- ☐ 爪切りやひげ剃り、服のチェックは習慣として身につける。
- ☐ 必要なら、口臭スプレーや制汗スプレー、デオドラントなども利用する。

⑧ 通勤時の持ち物

通勤時の持ち物には、身につける物とカバンに入れる物があります。身につける物は、帰宅したときにいつも同じ場所（トレイや棚など）にまとめておくようにすれば、管理が簡単で忘れ物をしません。定期券を忘れると、交通費を自分で払わなければならないので、思わぬ出費にビックリすることになります。

通勤時に必要な持ち物

❶ 自分用の通勤時の持ち物リストを作る

❷ すぐに出せるようにしたい物は、服やカバンの取り出しやすい場所に決めて入れる

❸ 勤務時間中に必要な物や貴重品（財布）は、ポケットに入れるか、ポーチに入れて持ち歩く
- 職場によってはルールがあるので、それに従って管理する。

❹ 防災用品を選択してカバンに入れておく
- マスク・水・ホイッスル・小型 LED ライト・常備薬・予備のコンタクトレンズなど。

❺ 忘れ物が多い人は、便利なグッズを利用する
- 大事な物は、いつも会社に持って行くカバンにキーチェンなどでつないでおく。
- キーファインダーを必要な物につけておけば、送信機のボタンを押すだけでブザーが鳴り、場所を教えてくれるので、出勤前など急いでいるときの探し物に便利。

❻ 周囲に迷惑をかけないで、通勤時間に楽しめる物

通勤時の持ち物リスト
①定期券
②社員証
③名刺入れ
④財布
⑤カギ
⑥時計
⑦スマホ
⑧手帳
⑨筆記用具
⑩ハンカチ
⑪ティッシュ
⑫化粧品や薬
⑬防災用品　など

✕ これはマナー違反です

● 好きなゲームやマンガ、ぬいぐるみなどをカバンにいっぱい詰め込んで持って行く。
● 高価なブランド品の腕時計やカバンを持って行く。
● 混雑している駅の改札や会社のゲート前で、カバンを広げて定期券や社員証などを探す。
● 持ってきたゲームやマンガを勤務時間中にポケットに入れて持ち歩く。

? こんなとき、相手や周りの人はどう感じるでしょう

● いつも会社のゲート前でカバンを広げて社員証を探している。みんなの邪魔になって迷惑だし、仕事は本当に大丈夫なのかな？
● 「毎朝、カギやスマホ、定期券などを探しているうちに出勤時間ギリギリになってしまうんです」と言っている。本当に働く気があるのかな？
● 腕時計を持たないでいつもスマホで時間の確認をしていると、"仕事中なのにメールの着信や LINE を見ているのかな？"と誤解されるよ！

チェックポイント ✔🖊

☐ 通勤時の持ち物リストを作る。

☐ 仕事に関係ない物や高価な物は、会社に持って行かない。

☐ すぐ出したい物は、服やカバンの取り出しやすいところに入れる。

☐ いつも物を探す人は、便利なグッズ（キーチェーンやキーファインダーなど）を利用する。

☐ 防災用品を選択してカバンに入れておく。

27

⑨ 寝る前と出かける前に必要な準備

　朝起きて時計を見た瞬間に「あ、寝坊した！　遅刻だ！」とあわてて身支度をして飛び出し、始業時間にギリギリ間に合ったとしても、毎朝このようでは仕事を続けていくことが難しくなります。また、あわてているために通勤途中で事故にあう可能性も高くなります。

　体調や身だしなみを整えて出勤するためには、よい睡眠と余裕をもった時間に起きることが必要です。そのためには、規則正しい生活をすることが基本となります。

ヤバイ！
また遅刻だ！

8:20

寝る前と出かける前に必要な準備

❶ 寝る 3 時間前までには食事を終える
- 寝る直前の食事は、胃腸が働いて寝つきが悪くなる。
- 寝つきの悪い人は、カフェインを含む飲み物は夕方までにする。

❷ 部屋を片づけ、カギなどを決めた場所に置く
- 出勤時に必要な物を毎朝探すことがないように、身の回りや部屋を片づけ、置き場所を決めておく。

❸ 翌日着る洋服、荷物、簡単な朝食を準備しておく
- 前夜に準備すると、朝の時間に余裕がもてる。

❹ 寝る前に窓や玄関のカギを確認し、目覚まし時計をセットしてテレビや電気を消す
- スマホや PC、テレビ、電気などの光や音は脳を刺激して睡眠を妨げるので消す。

❺ 朝、目が覚めたら目覚まし時計のアラームを止めてカーテンを開ける

❻ 体を温めるために準備しておいた朝食をとって、出勤前にトイレに行く

❼ 身支度後、もう一度荷物の確認をして玄関のカギをかけて出かける

✕ これはマナー違反です

● 毎日、遅刻か始業時間ギリギリにあくびをしながら出勤する。

● 洋服はしわだらけ、髪の毛はボサボサ、洗顔、歯磨きもしないであわてて出勤する。

● 夜中までスマホやゲームをやったり、テレビを見たりして寝不足気味で、ボーッとして仕事に集中できない。

● 物をなくして探したり、忘れ物をしたりすることが多い。

？ こんなとき、相手や周りの人はどう感じるでしょう

● 毎日遅刻ギリギリに出社してきて、本当に仕事をする気があるのかな？

● 忘れ物も多いし、身なりも整っていないし、自宅がゴミ屋敷になっていないか心配だ！

● いつもあくびをして一日中ボーッとしているけど、毎日睡眠不足なのかな？　仕事の失敗や事故を起こさないか心配だ！

チェックポイント ✔ ✏

☐ 翌日の持ち物や着る服は前日に準備しておく。

☐ 目覚まし時計を忘れずにセットする。

☐ 寝る前にスマホ、PC、テレビなどを消す。

☐ 朝食は毎日食べて、体温を上げて元気モードに。

☐ 朝は余裕をもって身支度をし、荷物をもう一度確認する。

☐ 天気予報と交通情報を確認してから出勤する。

⑩ 通勤時に気をつけること

通勤の時間帯は、交通機関も道も混雑しています。あせりやマナー違反からトラブルに発展することもあるので、注意が必要です。自宅を出るとき、通勤時の路上、バス停や駅、乗り物の中、エスカレーターやエレベーターなどでのトラブルに、気をつけながら行動することが大切です。

通勤時に気をつけること

❶ 自宅を出るとき

●火事や空巣の被害にあわないように、必ずチェックをして出かける習慣をつける。

□ガスの元栓を閉める	□電気のスイッチを消す	□ストーブやエアコンを消す
□水道の蛇口を閉める	□窓のカギを閉める	□玄関のカギを閉める

❷ 路上で

●**自転車の場合**：自転車の交通ルールを学習して守る。登校中の子どもや高齢者を巻き込む事故が目立ち、死亡事故まで起きている。絶対にイヤホンをつけたままとかスマホを見ながら乗らない。近くの駐輪場を利用して地域のルールを守る。

●**徒歩の場合**：時間に遅れてあせって走ると、通行人や自転車とぶつかって思わぬ大ケガをする。イヤホンをつけたままとかスマホを見ながら歩くのもたいへん危険。

❸ バス停や駅で

●駅のホームで走ったり急に動きを変えたりしないようにする。ほかの人とぶつかってホームから転落するなどの危険もある。

●並んで待つときは、前の人と離れすぎたりくっつきすぎたりしないように注意する。

❹ 車内で

●扉の近くに乗った場合は、乗客の乗り降りのときにいったん降車して協力する。

●混雑時はなるべく荷物は前に持って、周囲の人に迷惑をかけない。防犯上もよい。

●イヤホンの大音量の音漏れは大迷惑。もちろん通話もダメ。

❺「痴漢の被害」と「痴漢に間違われる被害」
- 被害を受けたら大声で助けを求めたり、駅員さんや身近な人に相談する。
- 痴漢に間違われないような荷物の持ち方や、両手でつり革を持つなどの工夫をする。
- 「6つのないない」：①近寄らない ②触らない ③後をつけない ④キョロキョロしない ⑤じっと見つめない ⑥スマホをいじらない（盗撮と間違えられる）

✖ これはマナー違反です

- 傘を水平に持ったり大きく振って歩く。
- 自転車のスピードを出しすぎて、歩行者にぶつかりそうになる。
- 人が見ているスマホなどをのぞき込む。
- イヤホンをつけたままスマホを見ながら駅のホームを歩く。
- 車両の扉近くに乗ったのに、降車して乗客の乗り降りに協力しない。

❓ こんなとき、相手や周りの人はどう感じるでしょう

- 電車の扉の手すりにずっとつかまって動かないから、大勢の人がスムーズに乗り降りできない。電車の出発が遅れ、みんな大迷惑なのに気づかないなんて……!?
- 満員の車内でイヤホンから音漏れがする。肘を広げてゲームをしたり、お化粧をしたりする。パンを食べている……。周りの人たちはみんな朝からイライラムード!!

チェックポイント ✔️✏️

- ☐ 通勤時のトラブルを防ぐには、あらかじめ気をつけながら行動することが大切。

- ☐ 乗り物の運行状況は、スマホで事前にお知らせを受け取ることができる。

- ☐ 自分がルールを守っていても、ルールを守らない人もいるのが現実。トラブルがあったり我慢できないことがあったら、相手に直接言わないで、駅員さんや家族、支援者などに相談する。

➡️『マンガ版ビジネスマナー集 鉄太就職物語』第2話「通勤準備とトラブルに慌てない」も参考にしてね！

⑪ 通勤時にトラブルに あったときの連絡

　出勤日は、同じ時間に家を出て、同じ時間のバスや電車に乗って、ほぼ同じ時間に職場に出勤している人が多いと思います。しかし、通勤時にはときどき乗り物の遅延などのトラブルが発生します。もし、始業時間になってもあなたが出勤してこなかったら、職場の人たちに心配や仕事で迷惑をかけることになります。トラブルにあったとき、あわてず対応できるように、連絡の仕方などを身につけておきましょう。

基本的な連絡の仕方

　何らかの理由で始業時間に間に合わないと思ったときは、職場に電話をして遅刻することを伝えます。また、帰宅時のトラブルは、家族やグループホームなどの人に連絡します。

❶ 電話をかけるタイミング

- 始業時間の5分ぐらい前までに、職場に連絡するのが基本。
- 乗車中で電話がかけられないときは、下車してから連絡する。

❷ 電話のかけ方

- 「おはようございます」とあいさつをしてから、自分の部署と名前を言い、次に上司の名前を言って、電話をつないでもらう。
- 上司が不在の場合は、同僚の名前を言って電話をつないでもらう。
- もしも、自分の部署の人が不在の場合は、電話口の人に「すみませんが、……」と遅刻することの伝言を頼み、「よろしくお願いいたします」と言って電話を切る。

❸ 用件を簡潔に伝える

1）まずは、遅刻することを「すみません……」と謝る。
2）なぜ遅れるかを簡単に説明する。
3）自分が今どこにいるかを伝える。
4）だいたい何時くらいに職場に到着するかを伝える。
5）最後に、「よろしくお願いいたします」と言って電話を切る。

画像内のセリフ：○○課の△△ですが ××駅で電車が事故停車したので…

❹ 職場に着いたら、まず上司のところに行って遅刻したことを謝る。

❺ 次に、同僚にも同じように謝り、もし自分の仕事を代わりにやってくれ
ていた人がいた場合には、お礼を言う。

✖ これはマナー違反です

● 自分の名前も部署も言わず「遅刻しま〜す」
とだけ言って電話を切った。

● 連絡をしないで10分遅刻したら、上司から
「始業時間までに連絡を入れるように」と注
意された。「ちょっと遅れたぐらいで……」
と思った。

● 遅刻の連絡をしておいたので、上司や同僚に
謝ることなく席に着いて仕事を始めた。

❓ こんなとき、相手や周りの人はどう感じるでしょう

● あわてているからと、名前も名乗らずに電話を切ってしまっては、どの部署に伝えれば
いいのか？　困った！

● 遅刻して出勤したのに、上司や同僚に謝ったり、あいさつもしないで自分の席に直行さ
れると気分がよくないし、朝礼での連絡事項も伝えられない！

チェックポイント ✔️🖊️

☐ 遅刻の電話をするときは、始業時間の
5分ぐらい前までに連絡する。

☐ 自分の名前と部署を言って、上司や同僚
につないでもらい用件を簡潔に伝える。

☐ 職場に着いたら、上司や同僚に謝った
り、自分の仕事を代わりにやってくれ
ていた人にお礼を言う。

⑫ 出社から始業時間まで

学校は登校時間ギリギリに行っても
セーフですが、職場は始業時間ギリギ
リに行ってはアウトです。始業時間は
仕事を開始する時間です。したがっ
て、出社時間は仕事が始められるよう
に準備する時間を考えて決めます。

朝の準備に当番制を導入している職
場もあります。準備に必要な時間を確
認し、出社時間を決めましょう。

出社から始業時間までの基本的な流れ

❶ 始業時間の５分前に、仕事を始めるための準備が終わるように出社する

● ふつう、始業時間の15分ぐらい前を目安に出社する。出社時間には個人差があり、
職場や職種によっても違ったり、当番日とそうでない日でも違ったりする。

❷ ロッカーにカバンやコートなどの私物をしまい、制服がある場合には着
替えをする

❸ トイレをすませ、服装などを整える

❹ 机まわりの簡単な清掃をする

● 一日の仕事がスムーズに、そして気持ち
よく始められるように、机の上やそのま
わり、ごみ箱などを片づける。

● 職場によっては、空気の入れ替えや観葉
植物の世話などの当番が決まっているこ
とがあるので、上司や先輩に確認する。

❺ 今日の仕事内容を確認し、パソコンを起動させるなど用具や材料を準備する

● 朝礼時に今日の仕事の指示が出る職場では、それに従って必要な準備をする。

✕ これはマナー違反です

- 始業時間ギリギリに出社する。
- 仕事着に着替えるのに時間がかかって、ときどき朝礼や体操に遅れる。
- 枯れたままの花瓶の花やあふれたゴミ箱は気にせず、自分の机だけを清掃する。
- 仕事の準備が終わったので、自分の席で始業時間まで食事やスマホでゲームをする。
- 毎日、始業時間の2時間近く前に出社して待っている。

❓ こんなとき、相手や周りの人はどう感じるでしょう

- いつも始業時間ギリギリに出社してきてドタバタするけど、仕事をする気持ちにすぐ切り替わるのかな？　失敗したり事故を起こしたりしないか心配だ！
- 自分の机だけ片づけて、みんなで使う作業台の清掃を手伝わないなんて、なんて自分勝手な人なんだ！
- 始業時間前に、自分の席でゲームをしたり食事をしたりするなんて……。仕事は始まっていないけど、自宅じゃなくて同僚のいる職場だよ！

チェックポイント ✔️🖊️

- ☐ 始業時間の5分前には仕事を始める準備が整うように、出社時間を決める。

- ☐ 出社したら私物をロッカーに入れ、着替えやトイレをすませる。

- ☐ 作業場などみんなで使うスペースは、同僚たちと協力して清掃する。

- ☐ 始業時間までに今日の仕事内容の確認と、パソコンを起動させるなど、必要な用具や材料を準備する。

　朝のあいさつ「おはようございます」を明るく伝えあうことで、職場は気持ちのよい場所になります。仕事場以外のエレベーター前や廊下、正門などでもあなたから先にあいさつをするように心がけましょう。

　上司や先輩だけでなく、同僚や後輩、ビルなどの管理の人にも笑顔で明るくあいさつをしましょう。

基本的なあいさつ

① 気持ちのよいスタートは朝のあいさつから
- 「おはようございます」と相手の方をよく見て、明るくはっきりあいさつをする。
- 午後から夕方日が沈むまでのあいさつは、「こんにちは」になる。
- 狭いエレベーター内で人がいっぱいのときは、声を出さずに軽く目礼をする。

② 外出するとき・戻ったとき
- 外出するときは、上司や同僚に「○○へ行ってきます」と言い、戻ってきたら「ただいま戻りました」とあいさつをする。
- また、外出する人に対しては「行ってらっしゃい」、外出から戻った人には「お帰りなさい」と声をかける。

③ 退社するとき
- 職場を先に退社するときには、残っている人たちに「お先に失礼します」とあいさつをして帰る。
- 逆に、上司や同僚などが先に帰る場合は「お疲れさまでした」と声をかける。

✕ これはマナー違反です

- 「おはようございます」とあいさつをされたのに、相手の方を向かずに小さな声であいさつをし、さっさと自分の席に行く。
- 上司や先輩には「おはようございます」とあいさつをするのに、後輩には何も言わない。
- 退社するときに同僚が仕事をしていても、何も言わずに急ぎ足で帰る。
- 管理の人や受付の人、清掃の人から「おはようございます」とあいさつをされたのに、同じ職場の人ではないからと、何も言わずに通り過ぎる。

? こんなとき、相手や周りの人はどう感じるでしょう

- こちらを見ないであいさつをされても、自分に言われたとは思えないな！
- 自分からあいさつをしようとしないのは、あいさつをしたくないってことなのかな？　あの人にはあいさつをしたくないな！
- あいさつをしないで先に退社するなんて、残業をしている人たちへの気づかいができていないな！
- 朝のあいさつができていないような職場は、コミュニケーションや仕事ぶりが心配だ！

チェックポイント ✔🖊

- ☐ 朝のあいさつ「おはようございます」は、相手の方を見て明るくはっきりと言う。
- ☐ 外出するときは「行ってきます」「行ってらっしゃい」とあいさつを交わし、戻ったときには「ただいま戻りました」「お帰りなさい」とあいさつを交わす。
- ☐ 退社するときは、「お先に失礼します」とあいさつをして帰る。

机や作業台などの整理・整頓

　整理・整頓は、仕事をする上での基本です。机や作業台などは、自分専用であっても共用であっても、いつも整理・整頓を心がける必要があります。机や作業台が散らかっていると、見た目が悪いだけでなく、書類や仕事の道具が汚れたり、必要なものがすぐに探せなかったりします。また、事務消耗品の扱いや個人のスマホ・飲み物の保管なども、職場のルールを守る必要があります。

基本的な整理・整頓

❶ 自分専用の物でも、いつもきれいにして、だれが見てもわかりやすいように片づけておく
- ●机や作業台の上は、必要な物だけを置き、いつもきれいにしておく。
- ●事務机の引き出しには、常に仕事に必要な最小限の物だけを入れる。
- ●使う頻度が高い文具類は、事務机の引き出しの一番上に入れる。

❷ 共用の物は、次に使う人のことを考えて片づける
- ●ほかの人と共用の机や作業台、道具などは整理・整頓の方法が職場で決められている。使い終わったら、ルールに従って使う前の状態に戻しておく。
- ●共用の物はルールどおりにするだけでなく、次に使う人のことを考えてていねいに使い、きれいな状態にする。
- ●更衣室やトイレ、給湯室などの共用スペースは、ほかの人が気持ちよく使えるようにゴミを片づけ、汚れはふき取っておく。

❸ スマホや飲み物など私物の持ち込みや使用を確認する
- ●個人のスマホの使用や出勤途中・休憩時間に購入したペットボトルの飲み物など、個人の持ち物の持ち込みや使用は、職場ごとに決まったルールがある。
- ●こうした職場のルールは、上司に確認して守る。

個人のスマホはロッカーに保管

✕ これはマナー違反です

- 終業時間になると、書類や文具類を机の上に置きっぱなしにして退社する。
- 共用のファイルや用具を、使用後も決められた場所に戻さず、次に使う人がそれを探すのに苦労している。
- 洗面台を汚したが、あまり目立たないからいいと判断し、清掃せずに戻る。
- "個人のスマホはロッカーに保管する"のが職場のルールにもかかわらず、事務机の引き出しにしまっている。

？ こんなとき、相手や周りの人はどう感じるでしょう

- 机の上に大事な書類や道具を出しっぱなしにしておくなんて、仕事に対する責任感がまったくないな！
- 自分勝手でほかの人が迷惑することを考えていないから、共用のファイルを戻さなかったり、共用スペースを汚しても清掃したりしないんだ！
- 職場のルールが守れないのは、会社の物と個人の物が区別できていないからかな？

チェックポイント ✓🖉

- ☐ 机や作業台の上には、仕事に必要なものだけを置く。仕事が終わったら、すべてきれいに片づける。

- ☐ 共用のファイルや用具は、使い終わったらすぐに元どおりに片づける。

- ☐ スマホなど私物の持ち込みについては、職場のルールを上司に確認して守る。

⑮ 職場内の移動

　職場内で移動するときのマナーも、社会人として身につけておく必要があります。代表的なものは、事務所やロッカー室などのドアの開け方、廊下の歩き方、そしてエレベーターの利用などです。これらの移動のマナーによっては、お客様を嫌な気持ちにさせてしまったり、職場内での思わぬ事故やケガにつながったりすることもあるので、十分に注意することが必要です。

基本的な職場内の移動

❶ ドアの開け方
- 部屋の中に入るときは、ドアをこぶしで軽く2回ノックし、中にいる人に聞こえる声の大きさで「失礼します」と言う。
- 中から返事があれば、静かにドアを開けて入る。

❷ 廊下の歩き方
- 廊下のやや端を、走らずに歩いて移動する。
- お客様や上司とすれ違うときは、相手の方を見て軽くおじぎをする。
- お客様や上司を追い越さない。
- 大きな声で話したり、立ち話をしたりして廊下をふさがない。

❸ エレベーターの利用
- 体調に問題がなければ、1～3階程度の上り下りは階段を使う。
- "エレベーターは降りる人が優先"なので、扉の前には立たず広く開けて待つ。
- 満員のエレベーターは、あきらめて次のエレベーターを待つ。
- エレベーターの中が混んでいて降車階のボタンが押せないときは、「〇階お願いします」と言って、ほかの人に頼む。

- お客様などさまざまな人たちが同乗していて狭い場所なので、会話は控えるようにする。また、スマホの通話や LINE などの操作もしない。
- 混んでいる場合はあいさつを目礼にする。
- 少人数のエレベーターで異性と同乗した場合には、距離をとるように気をつける。
- 乗っているときは、階数表示板を見るなどして目線を上向きにする。

> 降りたいのにジャマだなぁ

> うるさいなぁ…

✕ これはマナー違反です

- ノックや確認なしにドアを開ける。（例：重要な会議中なのに突然ドアを開けてしまう）
- 廊下でお客様にあいさつせずに素通りする。
- 満員のエレベーターに無理やり乗り込もうとする。

❓ こんなとき、相手や周りの人はどう感じるでしょう

- 何も言わずに突然部屋に入ってくるなんて、失礼だな〜！
- あいさつしない社員がいる。この会社は社員教育が行き届いていないな！
- 急いでいるのはみんな同じ。狭いエレベーター内で不快な思いをさせないでくれ！

チェックポイント ✔🖊

- ☐ ドアを開けるときは「ノック」「確認」「静かに開ける」を心がける。
- ☐ 廊下でお客様や上司とすれ違うときは、相手の方を見て軽くおじぎをする。
- ☐ エレベーターは降りる人が優先なので、扉の前には立たず広く開けて待つ。

⑯ 昼休みと休憩時間の過ごし方

　「ひとつの職場で、1日に6時間を超えて働く人は、休憩時間をとることができる」ということが、法律によって決められています。休憩時間は、仕事で疲れた体を休ませるリフレッシュの時間です。しかし、何をやってもいいというわけではありません。休憩時間の過ごし方のルールやマナーは、職場によって違うことを知っておきましょう。

基本的な休憩時間の過ごし方

❶ 職場の休憩時間を知る

- 休憩時間は"昼休みだけの職場""午前と午後にも短い休憩時間のある職場"などがある。
- "昼休み"や"休憩時間"を「全員同じ時間」にとる職場と、「交代」でとる職場がある。どちらも職場のルールに従う。

❷ 休憩時間はきちんと守る

- 休憩を始めるのは休憩時間になってから。
- 休憩時間終了の5分前には席（持ち場）に戻る。

❸ 休憩時間にはリフレッシュしたり私用をすませる

- 休憩時間には、食事・水分補給・歯磨き・トイレをすませる。ウォーキング、ストレッチ、読書、スマホを見たり、公園のベンチなどでリフレッシュする。
- だれかに連絡をしたり、郵便局に行くなどの私用は休憩時間にすませる。休憩時間中でも、電話はお客様や同僚のいないところでかける。

❹ 職場によって食事や休憩に使っていい場所が決まっている

- さらに、休憩室の座る席やテレビのチャンネルが、長年にわたる習慣でなんとなく決まっている職場もある。

❺ 休憩時間に同僚と一緒にいるのが苦手だという人は、上司や支援者に相談して無理をしないで休憩時間を過ごすようにする

✕ これはマナー違反です

- 休憩時間が近づくと、何回も時計を見て、仕事が遅くなったり止まってしまう。
- 休憩時間に、同僚には興味のない自分の趣味の話ばかりをずっと話している。
- 休憩時間終了のとき、いつもギリギリになって走って戻る。

？ こんなとき、相手や周りの人はどう感じるでしょう

- 休憩時間ばかり気にして、仕事に集中していないので失敗や事故が心配だ！
- 興味のない話をずっと聞かされて疲れてしまった。明日はそばに近づかないようにしよう！
- ギリギリになって走って戻ってくるなんて！　落ち着いて安全に確実な仕事ができるか心配だ！

チェックポイント ✔️🖊️

- ☐ 社員食堂で同僚と一緒に昼食をとる職場では、食事のマナーにも気をつける。
（食事場所が自由な職場では、一人で食べても大丈夫）

- ☐ 休憩時間は同僚も休憩時間。一方的に話を聞いてもらうのはマナー違反。

- ☐ 私用の電話は休憩時間に、お客様や同僚のいないところで。

- ☐ 楽しくリフレッシュするのが休憩時間。本、スマホなどをじょうずに活用する。

- ☐ 休憩時間終了の5分前には自分の席や持ち場に戻る。

➡『マンガ版ビジネスマナー集 鉄太就職物語』第5話「休憩時間をどう過ごす」も参考にしてね！

⑰ 退社時に心がけること

　仕事の終わりの合図があっても、仕事は終わりではありません。あなたの仕事の分担は終わっていますか？　職場の仲間、チーム全体の様子はどうですか？

　また、仕事が終わっていても、職場の片づけや清掃という、明日の仕事のための大切な準備があります。

　あなたの机の上や周りの大切な書類や道具の整理、ゴミ箱の後始末など、明日の仕事が気持ちよく始められ、仕事の能率も上がるようにしておくことが大切です。

基本的な仕事の終わり方

❶ 自分の仕事が終わっているか確認する

- ●自分の分担の仕事が終わっているか確認する。
- ●自分の仕事が遅れているようなら、すぐに上司に報告して指示を受ける。

❷ 自分の同僚やチーム全体の仕事の様子を確認する

- ●遅れているところがあれば、上司に相談して、自分ができることを手伝う。
- ●上司から残業の指示があった場合には、残業の時間や仕事の量を確認する。

❸ 机の上、作業台、ロッカー、道具などを整理・点検する

- ●大切な商品や重要な書類は、決められた保管場所に戻して、必要な場合はカギをかける。
- ●道具や機材は、汚れや故障などを点検して、決められた場所へ戻す。
- ●作業着などが汚れている場合は、ロッカーに入れないで、週末を待たずに洗濯のために持ち帰る。
（職場でクリーニングに出せる場合もある）

✕ これはマナー違反です

● 自分の仕事が終わっていないのに、上司に相談することなく仕事を途中でやめる。

● チーム全体の仕事が終わっていないのに、自分だけ片づけ始めたり着替えたりする。

● 残業を命令されたのに、上司に相談することなく帰る。

● 大切なお客様リストや発注書を、机の上に出しっぱなしにして帰る。

● みんなで使う道具を決められた場所に返さず、作業台に置きっぱなしにして帰る。

終業時間だ♪

後片づけしてよ！

❓ こんなとき、相手や周りの人はどう感じるでしょう

● チームのほかの人たちがまだ仕事をしているのに、自分だけ着替えを始めるなんて、チームを考えない自分勝手な人だな！　信頼して一緒に仕事ができないな！

● お客様の情報や大切な注文書を机の上に出しっぱなしにしている。もし、なくなったりしたら、会社全体が信用をなくしてしまうのに、こんな人に大切な仕事は任せられない！

チェックポイント ✔🖊

☐ 仕事の終わりの合図を聞いたら、自分の仕事が終わっているか確認する。

☐ チーム全体を見渡して、仕事が遅れているところがないか、手伝いが必要かなどを上司に確認する。

☐ 机や作業台を見て、大切な書類や商品、道具などが決められた場所に片づけられていることを確認し、清掃をする。

☐ ロッカーの中に汚れた作業服や靴などを入れたままにしない。

⑱ トイレの使い方

　職場ではトイレは休憩時間中に行くのが基本です。もちろん、急にお腹が痛くなったときや体調不良のときは、急いでトイレに行きます。みんなで使う場所なので、気持ちよく使えるように心がけましょう。

仕事開始まではまだ時間があるな

基本的なトイレの使い方

❶ トイレは休憩時間に行く

❷ 仕事中に体調が悪くなったとき
- 上司や同僚に「(体調が悪いので) トイレに行ってきます」と申し出てからトイレに行く (申し出が必要ない職場もある)。
- もし、吐き気や腹痛などがよくならなかった場合は、許可を得てから休憩をとる。

汚れなし

トイレットペーパー交換OK！

❸ トイレはきれいに使い、使った後は振り返り確認する
- 職場のトイレは自宅のトイレと違って多くの人たちが使うので、便器や洗面台、鏡などはきれいに使うように心がける。
- 使った後は必ず汚れていないか確認をする。もし汚れていたら自分できれいにふき取る。女性は生理のときは、便器が汚れていないか振り返り、念入りに確認する。
- トイレットペーパーがなくなったら、次に使う人のために必ず交換しておく。

❹ 故障したとき、自分の手に負えないときは、落ち着いて助けを求める
- 水が流れないなど、トイレが故障したときは、同僚やビルの管理事務所などに伝えて修理してもらう。

❺ トイレの中で人のうわさ話は絶対にしない
- だれが聞いているかわからないし、話を聞いて嫌な気持ちになる人もいるのでしない。

✕ これはマナー違反です

- 休憩中は同僚との話などに夢中になってしまい、仕事が始まってからトイレに行く。
- 仕事が嫌になり、トイレでスマホの操作をしたり、充電をしたりして長時間出てこない。
- トイレの後、確認しないで汚したまま出てくる。
- 洗面台を水浸しにしたまま出てくる。
- トイレットペーパーがなくなっても交換しない。
- 人が入っているのに、ノックをしないでガチャガチャとドアの取っ手を回す。

？ こんなとき、相手や周りの人はどう感じるでしょう

- 仕事が始まってからトイレに行くなんて、やる気があるのかな？
- トイレを汚したまま流さないまま出てくるなんて、なんて非常識な人なの！
- トイレに長時間入ったまま出てこないけど、倒れていないか心配だ！
- 生理用品を包まないでそのまま捨てるなんて、そんなトイレは使いたくないわ！

チェックポイント ✔🖊

- ☐ トイレは休憩時間に行っておく。
- ☐ 仕事中トイレに行きたくなったら、申し出てから行く（申し出が必要ない職場や、「3番行ってきます」のような合言葉をつかう飲食店などもある）。

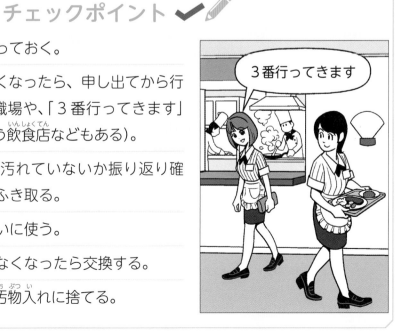

3番行ってきます

- ☐ トイレを使った後は、汚れていないか振り返り確認する。汚れていたらふき取る。
- ☐ トイレや洗面台はきれいに使う。
- ☐ トイレットペーパーがなくなったら交換する。
- ☐ 生理用品は包んでから汚物入れに捨てる。

⑲ 休暇の取り方

　約束をした日にち、約束をした時間に、しっかりと職場に出勤することができなければ、働くことはできません。仕事に行く日（出勤日）と休みの日（定休日）はいつなのかを、毎月確認する必要があります。また、定休日のほかに勤続年数による有給休暇や慶弔休暇（結婚式や葬式のときに取れる特別な休み）の制度もあります。

　もしも、"今日は行きたくないから" "仕事が忙しい日だから" という自分勝手な理由で急に休まれると、一緒に働いている人たちは困ってしまいます。

基本的な休暇の取り方

❶ 自分が使える有給休暇の日数を確認する

- 旅行などリフレッシュのために休みを取るときは、まず有給休暇があるかどうかを確認する。ない場合は定休日を使って旅行する。

❷ 有給休暇を申請する

- 旅行などで休みを取りたいときは、早めに「○日から○日まで有給休暇を取りたいのですが、よろしいでしょうか？」と上司に申し出る。許可されたら休暇届を提出する。

> すみません
> 昨夜から38度の熱が出て下がりません…
> 病院に行ってきますのでお休みをください

❸ 発熱やケガなど体調不良で出勤が難しいときは、仕事が始まる前に会社に連絡する

❹ 休暇を取った翌日に出勤したら、「お休みをいただき、ありがとうございました」などと上司にお礼と報告をする

❺ 結婚式への出席などは、日程が決まったら早めに上司に相談する

- 結婚式などの動かせない予定は、日時がわかったら早めに上司に報告し相談する。

❻ 忌引（葬式）で休むときは、早急に上司に連絡する

- 基本的には電話で、"だれが、いつ亡くなったのか" "通夜と告別式の日時" などを伝える。仕事の引継ぎなどが必要な場合は、そのときにする。

✕ これはマナー違反です

- 有給休暇が残っていないのに、欠勤＊を してまで旅行に出かける。
- 朝になって急に熱が出たので、職場に連絡をしないで勝手に休んでしまう。
- 仕事が忙しい時期や同僚が休みを申請していた日に重ねて有給休暇を申請する。
- 有給休暇の申請を当日にメールで行い、仕事の引継ぎをしないで休んでしまう。
  - ＊「欠勤」とは「有給休暇」にならない休み方です。また、職場に連絡をしないで休むと「無断欠勤」になります。

？ こんなとき、相手や周りの人はどう感じるでしょう

- 仕事が忙しい日に限って勝手に休みを取るなんて、仕事をさぼりたいのかな？
- 有給休暇がないのに欠勤をして旅行だなんて、社会人として責任感のない人だな！
- 急に休暇を取った翌日に出勤してきても、あいさつや報告がないなんて！　昨日の連絡事項があるし、大忙しだったのはいったいだれのせいなんだ！

チェックポイント ✔️🖊️

- ☐ 有給休暇の日数を確認する。
- ☐ 急な発熱やケガなどで出勤できないときは、出勤時間前に必ず会社に電話連絡する。
- ☐ 旅行などの予定は、仕事があまり忙しくない時期に計画をたて、早めに上司に申し出る。
- ☐ 急な休みや有給休暇・慶弔休暇を取ったときは、休み明けに上司や同僚に「お休みをいただき、ありがとうございました」と感謝の言葉を伝える。

⑳ 自分で守る貴重品

貴重品や大金は職場に持って行かないようにします。どうしても必要な大金などを持っているときは、常に身につけるなど自分で管理します。カギつきのロッカーに保管したつもりが、カギのかけ忘れなどが原因で盗難にあうこともあります。盗難にあうと悲しくて悔しい気持ちでいっぱいになりますが、同僚たちもまた嫌な気分になるので、日頃から注意しましょう。

基本的な貴重品の守り方

❶ 大金は持ち歩かない
- お金は昼食代、交通費程度を財布に入れておく。

❷ 保険証や障害者手帳などは常に身につけておく
- 保険証や運転免許証、障害者手帳などは大切な身分証明書なので、常に身につけておく。ポシェットに入れて身につける場合は、まずは上司に相談する。

❸ 通帳やキャッシュカード、印鑑は持ち歩かない
- 銀行に寄る必要のあるときだけ持って行く。
- 使う必要のないときは、自宅のカギのかかるところにしまっておく。
- 暗証番号などの個人情報はむやみに他人に教えない。

❹ ロッカーのカギは必ずかける
- 自分の持ち物はロッカーに入れて必ずカギをかける。もし、貴重品を持ってきたときは、その日のうちに持ち帰る。

❺ 同僚のパソコンや引き出しなどを、許可なくのぞき込んだり触ったりしない
- 個人情報や私物が入っている場合があるので、必要なときは「開けてもいいですか」と許可を取る。また、持ち主がいないときは、別の同僚に立ち会ってもらう。

✕ これはマナー違反です

- カバンを机の上に置きっぱなしにして席を離れる。
- ロッカーのカギをかけていなかったり、カギをさしたままにしていたりする。
- 必要以上の大金や貴重品を職場に持って行き、同僚に見せびらかす。
- 通帳、キャッシュカード、クレジットカード、印鑑、宝石などの貴重品をロッカーに入れっぱなしにする。

？ こんなとき、相手や周りの人はどう感じるでしょう

- 財布の中身やキャッシュカードなどをだれにでも見せるなんて、盗まれたらどうするのかな？　危険だなあ！
- カバンを置きっぱなしにしているけど、貴重品がなくなったとき、自分が盗んだと思われたくないなあ！
- 洗面台にスマホや指輪を置きっぱなしにしているけど、会社のビルにはいろいろ人が出入りするから、なくなっても知らないよ！

チェックポイント ✔️🖊️

- ☐ お金は必要な金額だけを持って行く。
- ☐ 更衣室から出るときは、必ずロッカーにカギがかかっているかどうか確認する。
- ☐ カバンや貴重品を机の上に置いたまま席を離れない。
- ☐ 保険証や障害者手帳など身分証明書になるものを持って来たときは、常に身につけておく。

カギかけよし！

仕事中のお茶やお菓子

　職場によっては、仕事中にお茶などを飲むことができるところもあります。ペットボトルや水筒で飲む人、給湯室（台所のようなところ）でお茶をいれる人などがいて、自分は水分補給をどうしようかと迷ってしまうことがあるかもしれません。また、仕事中に短い休憩をとって、お客様や同僚からもらったお菓子や自分で持ってきたお菓子などを食べることができる職場もあります。

　お茶などの飲み物やお菓子も、職場によってルールが違うので、まずは先輩はどうしているのか観察してみましょう。どうしていいかわからないときには、職場の人や支援者に相談しましょう。どんな職場でも、以下の４点に気をつけます。

①パソコン、書類、機械などをお茶などでぬらしたり、お菓子の粉やチョコレート、油などのついた手で汚さないように気をつける。

②お客様がいるときには、お茶やお菓子を口にしない。

③お菓子を口に入れたまま話をしない。

④仕事の前、休憩時間、仕事中ともアルコールの入った飲み物（お酒）は絶対に飲まない。

職場でのゴミ捨て、資源の分別

　職場では、いろいろなゴミが出ます。お弁当の食べ残し、ペットボトル、汚れをふいたティッシュ、お土産にもらったお菓子の空き箱などいろいろです。

　まず、職場のゴミ捨てのルールとゴミのリサイクルのルールを覚えましょう。

①印刷を失敗した書類も、重要なものはシュレッダーにかける必要がある。

②重要でない書類やいらなくなった資料は、紙のリサイクルボックスに捨てる。

③"生ゴミ"を捨てる場所は決まっているので、ほかの場所には捨てない。

④共用の小さなゴミ箱には、においの出る汚いものや水分を含むものを捨てない。

⑤自動販売機横のペットボトルや缶を入れるゴミ箱には、飲み残しを捨てない。

⑥割れものなど危険なものを捨てる場合には、職場のルールをしっかりと守る。

　職場の役割分担として、ゴミの片づけを指示されたときには、ゴミの種類によってどのように捨てるのか（資源の分類）を教えてもらい、そのルールどおりに行う。ゴミの後始末する場合には、軍手やエプロンなどをつける職場もある。

第3章

仕事をするときに心がけること

上司や同僚たちと気持ちよく働くために、
人を不快にさせない
人を思いやる
大切なビジネスマナーです。

㉑ 仕事の進め方

　毎日の仕事を進めていく上で、スケジュール管理はとても大切です。うまくスケジュール管理ができないと、効率的に仕事ができません。入社当時は自分に任された仕事に慣れることで精一杯ですが、時間が経つにつれて仕事にも職場環境にも慣れて、スケジュール管理ができるようになっていきます。それでもスケジュール管理が苦手な人は、上司や同僚あるいは支援者にアドバイスをもらいながら対応しましょう。

仕事のスケジュールと優先順位、作業標準*を守る

❶ 一日の仕事はルーティン業務とスポット業務で構成されている
- ルーティン業務は、特定の時間や場所で毎日くり返し行う業務のこと。自分の仕事の中心になる。
- スポット業務は、不定期に任される業務のこと。急ぎの仕事が入ると、業務内容によってはルーティン業務よりも優先して行う必要が出てくる。

❷ 業務スケジュール表（一日）を作成する
- 業務スケジュール表は手書きでもパソコンで作成してもよい。その内容を見て職場の上司や同僚などがいつでもスケジュールを確認でき、スポット業務が入ったときに、すぐに周りの人が仕事を頼めるようにしておくことが大切。

❸ 作業標準を守る
- 新しい業務を指示されたときは、作業標準がわかるまで説明を聞くことが大事。指示の内容が人によって異なるときは、上司に相談し、作業順序や作業方法をきちんと理解してから業務を始める。

業務スケジュール表【例】
〇月△日（□）
8：45　出社
9：00　朝礼
9：15　ルーティン業務①
10：30　スポット業務　可能
12：00　昼休憩
13：00　ルーティン業務②
14：00　スポット業務　可能
16：00　ルーティン業務③
16：45　終礼
17：00　退社

＊「作業標準」：だれがやっても同じ品質や結果が出せるように決められた作業順序や作業方法。

✕ これはマナー違反です

●自分に任された仕事以外の仕事を優先してしまう。

●上司の指示を聞かず、自分でやり方を変えたり、勝手な判断で仕事をしてしまう。

●トラブルが発生したときに、そのことを上司や同僚に伝えず、隠してしまう。

●作業標準の説明が理解できなくても、とりあえず自分なりにやってみる。

？ こんなとき、相手や周りの人はどう感じるでしょう

●この仕事よりも先にこっちの仕事をやってほしいと伝えたのに、後回しになってる。これじゃスケジュールの再調整が必要だ！

●さっき教えたばかりなのに、なんで勝手にやり方を変えるのだろう。またやり方を一から教えないと……たいへんだ！

●こんな大問題になる前に、どうして言ってくれなかったんだ。これから後始末がたいへんだ！

チェックポイント ✔🖋

☐ 一日の仕事の予定を確認し、時間内に終われるように見通しをもって仕事をする。

☐ 新しい仕事のやり方を指示されたときは、理解できるまでしっかりと確認する（難しいと感じたときは上司に相談する）。

☐ 仕事のミスやトラブルに直面したときは、隠したり騒いだりするのではなく、すぐに上司に報告して指示を受ける。

55

㉒ 言葉<ruby>づ<rt>か</rt></ruby>かいの基本

　職場には、たくさんの働く仲間がいます。
働く仲間のことを、上司、先輩、同僚、後輩
という言葉で呼ぶことがあります。また、社
長、部長、課長、係長、主任、グループリー
ダーなどという言葉を使うこともあります。
　どちらにしても、職場には、友達や家族は
いません。職場で働く仲間と話すときは、社
会人として恥ずかしくない、ていねいな言葉
づかいをします。

基本的な言葉づかい

❶ 返事は「はい」

● 上司から、「ちょっと来てください」と呼ばれたら、「はい」と返事をする。

● 同僚から、「○○さん」と名前を呼ばれたら、「はい、何でしょうか」と返事をする。

❷ 呼びかけは「○○さん、（お仕事中）失礼します」

● 上司や同僚に用事があるときや、わからないことを聞くときは、そば（1メートル
ぐらい）まで近づいて「○○さん、（お仕事中）失礼します」などと声をかける。

● 上司には、名前の後に役職名をつけて「○○主任、失礼します」などと呼びかける。

**❸ ていねいな言葉づかい：「〜です」「〜ます」「〜ました」「〜ません」
「〜ください」という終わり方で話す**

● 上司に作業の終了を報告するときは、「○○ができました」「○○が終わりました」
と言う。

● 次にどの仕事をすればよいかわからなくなったときは、「次の仕事がわかりません。
教えてください」と言う。

❹ 声の大きさ（ボリューム）は、場所や場面に合わせて変える

● 仕事に集中している静かな職場では、大きな声にならないように注意する。

✕ これはマナー違反です

- 上司から名前を呼ばれたのに、返事をしないで黙って近くに行く。近づきすぎることも NG。
- 仕事の手順を間違えたり、わからなくなったりするたびに、近くの同僚に「ねえ、ちょっと。これ、わかんな〜い」などと声をかける。
- グループリーダーが仕事を教えてくれたときに、「ヤダ〜」「わかんな〜い」と言う。

？ こんなとき、相手や周りの人はどう感じるでしょう

- 名前を呼ばれて返事をしないのは、この会社で働きたくないということなのかな？
- 社会人なのに、子どものような口のきき方しかできないなんて！
- こんな話し方しかできない人には、もう仕事を教えたくないな！　一緒に働きたくない！

チェックポイント ✔🖊

☐ 返事ははっきり「はい」と言う。

☐ 人に呼びかけるときは、「○○さん、（お仕事中）失礼します」と言う。

☐ 「〜です」「〜ます」といった、ていねいな言葉づかいを心がける。

➡基本的な言葉づかいは、『マンガ版ビジネスマナー集 鉄太就職物語』p53〜56も参考にしてしっかりとマスターしよう。

㉓ 上司や先輩から指示・アドバイスを受ける

上司や先輩から、仕事や職場のマナーなどについて、指示を受けたりアドバイスをもらったりすることがあります。それらを守ることで、仕事の能率が上がったり、失敗が少なくなったりします。反対に、指示やアドバイスを忘れてしまうと、同じ失敗をくり返し、職場の信頼を失うことになります。

指示やアドバイスを、「注意された」「叱られた」などと受け取り、落ち込んでいてはいけません。指示やアドバイスを受けることは、一段と進歩した技術や行動を身につけ、成長するチャンスなのです。

よくがんばって腕を上げたね

みなさんのアドバイスのおかげです

基本的なアドバイスの受け方

❶ 仕事の手を止めて、相手にしっかり向き合う
- アドバイスを受けるときには、仕事など自分がやっていることを中断して、相手の正面を向き、目を見ながら真剣に聞く。必要ならメモを取る。

ふむふむ

❷ 言われたことは、自分の言葉でくり返して確認し、わからないところはその場で質問する
- アドバイスには、難しい内容も含まれている。理解できたことは、自分の言葉でくり返して相手に確認する。また、心配なときは言われたことを実際にやってみせて、できているかを確認してもらう。

・・・ということが大事なんだよわかったかな？

わからない部分があるんですけど

❸ 言葉だけでは理解できない場合には、文章や図、絵を使って説明してもらう
- 言葉によるアドバイスの内容が、十分理解できない場合には、アドバイスの内容が自分には難しいことを相手に伝える。そうすると、上司や先輩はメモを書いてくれたり、図や絵でわかりやすく説明してくれたり、工夫をしてくれる。

✖ これはマナー違反です

- アドバイスしてくれている相手の正面に、自分の顔や体を向けなかったり、仕事の手を止めないで聞く。
- アドバイスを受けているときに返事をしない。
- アドバイスの内容を理解できていないのに、「ハイハイ」といい加減な返事をしてわかったふりをする。
- アドバイスを受けた後も、指示されたやり方に変えないで、そのまま自分のやり方を続ける。
- アドバイスを受けた後に、「ありがとうございました」とお礼の言葉も言わずに仕事を再開する。

❓ こんなとき、相手や周りの人はどう感じるでしょう

- せっかくアドバイスしているのに、顔を向けないし、返事もしないで自分の仕事を続けている。アドバイスを真剣に聞く気持ちがないのかな？　いい加減な人だ！
- 仕事で失敗しない方法をアドバイスしたのに、自分のやり方を変えないで、また同じ失敗をくり返している。こんな人には安心して仕事を任せられない！

チェックポイント ✔️✏️

- ☐ 上司からアドバイスを受ける場合は、仕事の手を止めて、相手の方を向き真剣に聞く。

- ☐ 受けたアドバイスは、自分の言葉でくり返して相手に確認する。必要なら作業をやってみせて確認してもらう。

- ☐ アドバイスを受けた後は、相手に「ありがとうございました」と言い、お礼の気持ちを伝える。

- ☐ 受けたアドバイスを忘れないように、メモ帳などへ記録してときどき確認する。

- ☐ アドバイスを受けたことが、どうしてもうまくできないときは、上司などに相談する。

**㉔ 職場の基本……
報告・連絡**

　職場で仕事をするあなたには、"自分の仕事が予定通り進んでいるかどうか"を上司に報告するという大切な役割があります。また、"失敗をしてしまったときや事故が起きたとき"にも、すぐ上司に報告して指示や指導を受けることが大切です。また、報告するときに気になることがあれば相談することもできます。

　あなたが知っておくことが必要な情報は、職場の掲示板に貼り出されたり、朝礼や終礼のときに上司などから職場の部署全体に対して連絡されたりします。これらの内容は、あなた一人に向かって話されているときと同じくらい大切なことなので、集中して聞いて、必要なことは忘れないようにメモを取ります。

報告・連絡の基本

❶ 仕事の手順で決められたとおりに報告をする
- 仕事がどこまで進んでいるのか、決められた場面や区切りで報告する。
- 報告は、必要なことだけを短く正確にする。

❷ 作業の失敗や事故、機械の故障はすぐに報告する
- 作業の失敗や事故、機械の故障などが発生したら、すぐに上司に報告する。
- 失敗の内容、事故や故障の様子を短く正確に報告する。上司に声が届かないときは、近くまで行って冷静に報告する。

❸ 朝礼や終礼で話されたこと、掲示板に貼り出されたことは、必要なことだけメモを取る
- いつ、どこで、何がなどの大切なことだけを、忘れないようにメモする。連絡を聞き逃した場合やよく理解できなかった場合には、上司や先輩に確認する。

✕ これはマナー違反です

- 仕事が終わっても報告をしないで、ぼんやり時間を過ごして休み時間になるのを待っている。
- 作業機械の調子が悪く不良品ばかりできてくるのに、報告しないで黙っている。
- 終礼で連絡されていた残業予定を、「自分は聞いていません」と言い張り、残業を拒否する。

？ こんなとき、相手や周りの人はどう感じるでしょう

- 仕事が終わっているのに、上司に報告をしないでぼんやり外を見ている。仕事をやる気がないのかな？　信頼できないな！
- 仕事を失敗したのに、報告しないで黙っていた。自分の失敗を隠そうとしたのかもしれない。信用できないから、大切な仕事は任せることができない！
- もっと早く機械の故障を報告してくれれば、素早く対応して損害を減らすことができたのに、残念だ！

チェックポイント ✔🖊

- ☐ 仕事の進み具合（仕事が予定より遅れていること、終了したことなど）を報告する。

- ☐ 事故が起きたとき、失敗をしたとき、機械が故障したときは、すぐに上司に報告する。

- ☐ 報告は、必要なことだけを短く正確に伝える。

- ☐ 掲示板に貼られた連絡、朝礼や終礼で伝えられた連絡は、必要なことをメモに取る。

- ☐ 報告することは、新たな指示を受けたり、相談する機会につながる。

㉕ 人にお願いをする、質問をする

仕事をしていると、自分だけではうまくいかないことが必ずあります。助けを求めたいとき、教えてもらいたいときには、上司や先輩にお願いをしたり、質問をしたりしなければなりません。お願いや質問をするときの切り出し方やそのときの態度が大切です。

基本的なお願いの仕方や質問の仕方

お願いの仕方

❶ お願いをするときの切り出し方
- 「○○さん、すみません」と名前を呼びかけ、続けて「お願いがあるのですが、今、大丈夫ですか？」と聞く。いきなりではなく、いわゆる"クッション言葉"を入れる。

❷ お願いごとは指示や命令ではないので、相手の気持ちになってていねいに
- 相手の仕事を一時中断させて時間をとらせるので、謙虚な姿勢で話すことが大切。

❸ 期日を忘れずに伝える
- 期日を伝えないと、相手はお願いされたことをいつまでにすればよいのかわからない。

あの〜
……

質問の仕方

❶ 「質問をしてもよろしいですか？」などと聞く
- お願いごとのときと同じように「○○さん、すみません」と名前で呼びかけ、続けて「質問をしてもよろしいですか？」「今、大丈夫ですか？」などと聞く。

❷ 何を聞きたいのか、何がわからないのかを整理してから質問する
- 質問する前に聞きたいことを整理する。わからないことに直面してすぐに聞きに行っても、聞きたいことがうまく言えなかったり、肝心なことを聞き忘れたりする。

❸ 同じ質問を何度もしない
- 聞いたことはメモやノートに書き取り、一度復唱して見直しをする。
- メモを付箋紙などに書き写して目につくところに貼っておくのもよい。

お礼を伝える

- お願いしたり質問した後には、必ず「よろしくお願いします」「ありがとうございました」「助かりました」などの感謝の言葉を、その場ですぐに伝える。
- また、お願いしたことがうまくいったり、アドバイスでうまくできるようになったときは、その結果を報告して感謝の言葉を伝えると、より信頼関係が深まる。

✖ これはマナー違反です

- 「○○さん、すみません」などの言葉なしに、いきなり「○○してくれませんか？」「○○がわからない！」と同僚に声をかける。
- お願いしたいことや質問したいことが整理されていなくて、しどろもどろになって同じようなことを何度もくり返し話し、時間をムダにする。
- 助けてもらったのに、「ありがとうございました」などのお礼を言わないでそのまま立ち去る。

❓ こんなとき、相手や周りの人はどう感じるでしょう

- 一方的にお願いごとだけして立ち去ってしまうなんて、頼みごとをする態度じゃないね！ なんで自分がこんなことをしなければならないんだ！
- せっかく手伝ってあげたのにお礼のひと言もないなんて、今度頼まれても相手にしないでおこう。

チェックポイント ✔🖊

- ☐ 「○○さん、すみません」と名前を呼びかけてから、お願いしたいことや質問を切り出す。
- ☐ お願いしたいことや質問したいことを事前に整理してから、相手のところに行く。
- ☐ 「ありがとうございました」「助かりました」などのお礼の言葉を忘れずに言う。

注意されたとき、叱られたとき

仕事を間違えたときや時間に遅れたときなど、思わぬ失敗をして上司や同僚から注意されたり、叱られたりすることがあります。

重要なのは、注意を受けたり叱られたりしているときの態度です。なぜ注意を受けているのか、叱られているのかをしっかり理解しようとする態度を示すことです。そして、同じ失敗をくり返さないようにすることが大切です。

注意を受けたり叱られたりしているときの基本的な態度

❶ 注意を受けたり叱られたりしているときの態度
  - 上司や同僚の正面に体を向け、相手の顔を見て話を聞く。
  - 返事ははっきりとした声でする。

❷ 相手の話を最後まで聞く
  - 注意を受けたり叱られたりしているときには、口をはさまないで最後まで相手の話を聞く。

❸ 相手の話が終わったら謝罪する
  - 「申し訳ありませんでした」「ご迷惑をおかけしました」「これからは気をつけます」などの謝罪の言葉を言う。

❹ 注意を受けたり叱られたりしたことは、あとでメモに取っておく
  - 同じ失敗をくり返さないように、ときどきメモを見返して確認するとよい。

❺ 感情的にならない
  - 落ち込んだり、"なぜ自分ばかり"と不満に思うのではなく、相手が"自分のどこをどう直してほしいと思っているか"を冷静に考えることが大切。

✕ これはマナー違反です

- ふてくされた態度や嫌な顔をする。
- 注意したり叱ったりしている人の顔を見ない。
- 「だって……」「○○さんが……」「いつもどおりにちゃんとやったのに……」などと言い訳をする。
- 「うるさいなあ」「うざい」「むかつく」などと暴言を吐く。
- 返事をしないで無視したり、立ち去ったりする。

私は悪くありません！
○○さんが…

❓ こんなとき、相手や周りの人はどう感じるでしょう

- 正面を向かず、目も合わせない、顔は下や横ばかりを見ている。ちゃんと話を聞く気があるのかな？　自分の失敗を本当に反省しているのかな？
- 「だって○○さんが……」などと言い訳をするのは、自分は悪くないと思っているから？直してほしいことを伝えて、早く一人前になってほしいと思っているのに、これじゃムダだな！

チェックポイント ✔️✏️

- ☐ 体を相手の正面に向けて、顔を見て話を聞く。
- ☐ 相手の話を最後まで聞き、話が終わったら、「申し訳ありませんでした」などと謝罪する。
- ☐ なぜ注意を受けたのか、叱られたのかを理解してメモに書き残し、同じ失敗をくり返さないようにときどき確認する。
- ☐ 注意を受けた理由がわかならいときは、後で信頼できる同僚や上司に相談する。

＊直してもらいたいことがあるから、注意したり叱ったりしてくれるのです。注意を受けたり叱られたりした後に改善すれば、あなたのことを"成長する人"と認めてくれるはずです。

65

㉗ 書類の渡し方

　会社では、上司やほかの部署の人に書類を提出したり、指示されて届けたりすることがあります。相手に確実に渡すのはもちろんのこと、何のために渡すのかをしっかり伝える必要があります。

　最近はどこの職場も個人情報の管理について厳しい規則をつくっていて、書類をなくしたり、違う人に渡してしまうことで大きな問題になることがあります。書類の内容についても理解した上で渡すことが大切です。また、渡すときの声のかけ方、マナーにも気をつけましょう。

基本的な書類の渡し方

❶ 相手の名前を呼び、何の書類かなどを伝える

- 「○○さん」と名前を呼び、次に自分の名前を言って、"だれに頼まれた何の書類か"を説明する。
- 違う部署に行く場合は、入口で「○○さんいらっしゃいますか。△△課の□□です」と、自分の部署と名前を言う。

❷ 書類は両手で相手の肘くらいの高さで渡す

- 書類は相手のほうに向けて、相手がまっすぐ手を出して、そのまま受け取れる高さで渡すとよい。
- 相手が書類を受け取ったら、「よろしくお願いします」と言って一礼する。

❸ 相手がいないときの対応（指示されたときに確認しておく）

- 同じ部署の人にいつごろ戻るのか聞き、「改めてまいります」と言って帰る。
- もしも、同じ部署の人が「私が預かります」と申し出てくれた場合は、書類の内容と自分の部署、名前を伝えた後で、相手の名前を確認しお礼を言って帰る。
- ただし、依頼されたときに"本人に直接渡すように指示されていた場合"には必ず持ち帰り、相手が戻る時間に合わせて改めて持って行き、本人に手渡す。

✕ これはマナー違反です

● なんの声かけもなく黙って、いきなり相手の前に書類を突き出して片手で渡す。

● 書類の文面がほかの人から見えるように置いたり、だれの何の書類かのメモもなく、むき出しのまま机の上に置いたりする。

● 上司から「本人に直接渡すように」と指示されていたのに、不在だったので机の上に置いてきた。

？ こんなとき、相手や周りの人はどう感じるでしょう

● 人に片手で物を渡して、黙って立ち去るなんて失礼な人だ！　この書類は本当に私に届けられたものなのかな？

● 「はい、これ」と手渡されただけなので、自分の仕事を先に片づけていたら、急いで処理すべき重要な書類だった。あのとき「急ぎです」と言ってくれていたら……！

● とても大事な書類なのに、メモもなくむき出しのまま机の上に置かれている。こんないい加減な管理をしていると、重要な情報が外にもれるかも……危ない行為だ！

● 「本人に直接手渡すように」と指示したのに、机の上に置いてくるとは……。大切な仕事は頼めないな！

チェックポイント ✔️✏️

☐ 相手の名前を確認したら、"だれに頼まれた何の書類か"を説明する。

☐ 書類は相手のほうに向けて、相手がまっすぐ手を出してそのまま受け取れる高さで渡し、「よろしくお願いします」と言って一礼して帰る。

☐ 相手がいなかった場合の対応については、指示されたときに確認しておく。

㉘ 名刺の交換

　ほかの会社の人と初めて会うときは、あいさつに合わせて名刺を交換してから仕事の話をスタートさせます。名刺の出し方や受け取り方で相手の印象が違ってきます。大切なのは、相手に不快な思いをさせないようにすることです。

　名刺の交換は、すべての職場で必要なことではありません。また、自分は名刺を持っていなくても、名刺を受け取る機会はあります。

基本的な名刺交換の仕方

❶ 交換の仕方

1. 立って、きちんと対面して交換する。
2. 名刺を相手に向けて、両手で持って「○○会社の△△です。よろしくお願いいたします」と言い、頭を下げて渡す。（名刺の文字に指がかからないよう注意する）
3. 受け取るときは「ちょうだいします」と言って、ていねいに両手で受け取り頭を下げる。
4. 室内で受け取った名刺は、すぐにしまわないで、着席したテーブルの上に置く。
   - 訪問したときは訪問者から渡す。
   - 同時に交換する場合はお互いに片手で行う。
   - タイミングは会った直後か、会議室や応接室などに案内されてから。
5. 話が終わったら、受け取った名刺は名刺入れかカバン、上着のポケットにていねいに入れる。

よろしくお願い
いたします

ちょうだい
します

❷ 名刺を忘れた場合、持っていない場合
   - 「申し訳ありません。名刺を切らしておりまして」と言う。
   - 「ありがとうございます」と相手の名刺を受け取り、「名刺を持っておりませんので、失礼します」と言う。

❸ 名刺を渡す相手が複数の場合
   - 役職の高い人同士から交換していく。上司が渡す順番を見ていれば間違えない。

✕ これはマナー違反です

● 名刺入れをあわてて探し始め、相手を待たせる。
● 折れたり汚れたりしている名刺を渡す。
● 相手が立っているのに、座ったまま受け取る。
● 両手が使えるのに片手で受け取ったり、片手で差し出したりする。
● 受け取った名刺をお尻のポケットに入れたり、自分の名刺をお尻のポケットから出したりする。
● 受け取った名刺にその場で何かを書き込む。

? こんなとき、相手や周りの人はどう感じるでしょう

● 名刺入れをあわてて探し始め、相手を待たせるなんて準備ができていない人だなあ。仕事を任せて大丈夫かな？
● こちらが立っているのに座ったままなんて失礼だな！　話を真剣に聞いてくれるのかな？
● 折れて汚れた名刺を差し出された。私たちのことを大切に思っていないのかも？

チェックポイント ✔️✏️

☐ 出かける前に、きれいな名刺が名刺入れに入っているかどうかを確認する。

☐ 名刺は相手に向けて両手で差し出し、両手で受け取るのが基本。

☐ 受け取った名刺は着席したテーブルの上に置き、話が終わったら名刺入れに入れるなど、ていねいに扱う。

㉙ 電話の対応

電話の対応によって、会社への印象は大きく変わります。相手に対して失礼のないように、電話のじょうずな対応を身につける必要があります。会社によっては、電話を受ける係が担当制になっているところもあります。その場合は、電話の対応は担当者に任せます。

○○様ですね？
いつもお世話に
なっております

基本的な電話の受け方

❶ あせらずに電話を受けるために、専用のメモを作っておく

- 電話を取るときのために、専用のメモを作っておく。その内容は、相手の名前、所属、用件、取次先、電話を取った時間など。このメモがあれば、聞き逃しもなく、確実に取次先の人に伝達することができる。
- 相手の会社、名前、こちらの取次先の人の名前はくり返して確認する。

❷ 2コールまでに電話に出るようにする

- 2コールまでに電話に出ると相手の印象がよい。
- 5コール以上は、「お待たせしました」と最初に言う。

❸ 明るい声で対応する

- 暗い声だと、会社の印象が暗くなったり、社員が不機嫌だと思われたりする。

❹ 最後にあいさつをして、相手が受話器を置いたことを確認して切る

- 最後に、「ありがとうございました」「失礼いたします」とあいさつをして、相手が受話器を置いたのを確認してから、こちらも受話器を置く。

❺ 不在で取り次げない場合

- 「こちらから折り返しご連絡させていただきますので」と言ってから、名前と所属、連絡先をうかがう。

✕ これはマナー違反です

- 電話が鳴ってもすぐに出ない。（ただし、電話に出られない状況のときは除く）
- 暗い声で不機嫌そうに対応する。
- 「少々お待ちください」と言いながら30秒以上も待たせる。
- 取り次ぐまでの間、受話器のマイクをふさいだり保留にしない。
- 相手が受話器を置くのを確認しないで、受話器をガチャンと置く。

少々お待ちください
って…いつまで
待たせるんだ！

❓ こんなとき、相手や周りの人はどう感じるでしょう

- 呼び出し音を10回近く鳴らしたのに、「お待たせしました」の言葉もなく「だれですか？」とは失礼な会社だ！
- 「少々お待ちください」と言いながら、1分以上経ってもまだ出てこない。いったいいつまで待たせる気だ！
- 電話を保留にしないから、職場の混乱している様子が全部つつ抜け……。なんて会社だ！

チェックポイント ✔️🖊️

- ☐ 電話が鳴ったら、すぐに出る。
- ☐ まず会社名と名前を名のって、明るい声であいさつをする。
- ☐ いつも電話のそばに電話専用のメモ用紙を用意しておく。
- ☐ 不在で取り次げない場合は、「こちらから折り返しご連絡させていただきますので」と言ってから、名前と所属、連絡先をうかがう。
- ☐ 「ありがとうございました」「失礼いたします」と言ってから電話を切る。

㉚ 情報管理の原則

　最近は、ソーシャルメディア（Twitter、Facebook、LINE、Instagramなどの SNS〈ソーシャルネットワークサービス〉、YouTube、ブログなど）の発達により、個人のスマホやタブレット PC などで、すぐに会社や個人の仕事の情報を不特定多数の人に伝えることができるようになりました。

　しかし、社内外ともに厳重管理が原則の会社の情報を外部に勝手に流してしまったり、会社の上司や同僚・後輩から聞いたプライベートな情報を勝手に他人に話し、SNS やブログに流したことで、社内の自分の立場が悪くなり、会社にいづらくなってしまうケースなどもあります。このようなトラブルに巻き込まれないように、情報管理には十分な注意が必要です。

基本的な情報管理の原則

❶ 勝手に伝えたり、持ち出したりしない
- 情報には名簿や書類、メモ、画像や動画のように目に見えるものと、会話や録音のように目に見えないものがある。それらの情報を勝手に社外に流すと、他社や他人の利益につながり、自分の会社には大きな損害を与え信用をなくすことになる。
- 会社の情報は、商品や備品と同じく会社の財産であり個人のものではない。
- 会社の情報を許可を得ないで勝手に他人に流したり、持ち出してはいけない。

❷ 社内の情報を社外の人に伝える必要がある場合は、必ず上司に確認をとる
- 仕事で必要な情報を社外の人に伝える場合は、上司に「この情報を〇〇社の ×× さんにお伝えしてもよろしいでしょうか？」と必ず確認をとってからにする。

❸ 会社の上司、同僚、後輩の個人情報を知っても他人には伝えない
- 会社では日常会話の中でプライベートな話を聞くことがあるが、これらの情報も、本人に確認せずに勝手に他人には伝えない。

✕ これはマナー違反です

- 社外秘の情報を勝手に SNS に流したり社外の人に伝えたりする。
- 勤務時間中にプライベートな目的で、自分のスマホを使って会社や個人の情報を伝えたり送ったりする。
- 社外で、他人の情報を勝手に話したり、個人が特定できる内容をメールしたり、SNS やブログなどに書き込んだりする。

？ こんなとき、相手や周りの人はどう感じるでしょう

- どうして勤務時間中にプライベートな LINE をしているの？　会社は仕事をするところだよ！
- どうして私の夏休みの旅行先までみんなが知っているのだ？　さては、勝手にブログに載せたな……。
- 知らない間に私の顔写真が名前や年齢、住所、電話番号とともにツイートされている。個人情報がつつ抜けじゃないか！

チェックポイント ✔️✏️

- ☐ 会社の情報（お客様情報、商品情報などの経営に必要な情報全般）は、会社の財産。そのため、会社ごとに情報管理のルールがある。メモも内容によっては管理の対象になることがある。

- ☐ 会社の情報を社外へ持ち出したり、仕事で知ったことを会社の外で話すことも情報漏洩*となり、会社から処分されることがある。

- ☐ 一度流した情報は、ネットワークを通じて広まってしまうため、完全に消すことはできない。とくに重要な情報を伝えるときは、上司に必ず確認するなど慎重な対応が必要である。

＊情報漏洩：会社などの内部にとどめておくべき情報が外部にもれてしまうこと。

いま、パソコンはどの職場でも仕事に使われています。仕事の内容によっては、一人１台ずつ自分専用のパソコンを使って仕事をする職場も多くなりました。

パソコンは、とても便利な仕事の道具です。しかし、いろいろなトラブルの原因になることもあります。パソコンとのじょうずなつきあい方、使うときの原則を知っておきましょう。

基本的なパソコンの使用原則

❶ 会社のパソコンは、仕事の道具

● パソコンは、仕事を効率よく、スムーズに進めるために使用するのが目的。共通のパソコンソフトやメールソフトを使うことで、社内の人はもちろん、社外の人とも仕事の情報を簡単に交換できるようになりとても便利。

● 最近はパソコン自体の軽量化、小型化が進み、iPad のような持ち運べるタブレットタイプのパソコンも多い。いずれも高価なものなので大切に扱う。

● "コンピュータウイルスなどの感染を防ぐため、USB・メモリーカードの使用禁止"などの社内規則は厳守する。

❷ パソコンは社内情報・個人情報の宝庫

● どの会社でもパソコンにはたくさんの社外秘の情報や個人情報が入っている。それらの情報を守るため、パソコンの使用にはパスワードの設定が欠かせない。パスワードの管理は自分自身でしっかりと行い、忘れたり、人に教えたりしないように気をつける。

● 大切な情報が社外にもれると、会社が大きな損害を受けたり、信用をなくすことになる。パソコンは便利な道具であるとともに、危険な道具でもあることをしっかりと認識し、じょうずに使いこなすことが大切。

✕ これはマナー違反です

仕事以外で使う

- 仕事中や昼休みに、職場のパソコンで自分の好きなサイトや動画を見る。
- 時間があいたのでゲームをする。
- 友達や恋人にメールを送る。

職場のパソコンのルールを守らない

- セキュリティソフトなどを勝手に変更したりダウンロードしたりする。（コンピュータウイルスなどへの感染が高まるので危険）
- 社内では USB やメモリーカードの使用が禁止されているのに、勝手に使ってしまう。

？ こんなとき、相手や周りの人はどう感じるでしょう

- 仕事中に自分のパソコンを使って仕事に関係のないメールやサイト、動画もしょっちゅう見ている。もうパソコンを使う仕事はさせられないな！
- パソコンの使用ルールを守らないなんて、もしウイルスに感染したら会社中がたいへんなことになってしまうのに！ 何を考えているんだ！

＊あなたがどんなことに職場のパソコンを使ったか、専門の担当者が調査をすればわかってしまいます。職場のパソコンで自分の好きなサイトをたくさん見ていて、処分を受けた人もいます。

チェックポイント ✔️✏️

☐ パソコンは会社のものであることを認識し、私用では使わない。

☐ 自分の席を離れるときは、パソコンの電源を切るかパスワードをかける。

☐ 会社のパソコンに入っているソフトウエアや設定を自分で勝手に変更しない。

32 来客への対応

お客様を迎えるときは、だれに対しても親切でていねいな対応をしなければなりません。受付係であれば、お客様が最初に接する人になるので、相手を思いやる気持ちが伝わるように、明るくていねいに対応するのが基本です。一定の手順を守ることで、お客様に失礼のない対応ができるようになります。

また、受付係でなくても、会社の中でお客様に出会うことがあります。そのときのあなたのマナーが会社のよい印象につながります。

受付係の基本的な応対

❶ 約束をしてある場合

- 「いらっしゃいませ」と言い、会社名、名前、用件、担当者名を聞く。
- 担当者に連絡し、お客様に「こちらでございます」と言って応接室などに案内する。
- ドアやエレベーターを開けて、お客様に先に入ったり乗ったりしてもらうように案内する。

いらっしゃいませ
○○商事の△△ですが
□□課長と●●時の約束で…

❷ 約束をしてない場合

- 同じように「いらっしゃいませ」と言い、会社名、名前、用件、担当者名を聞く。
- 担当者に連絡し、面会できるかどうかを確認してからお客様に伝える。
  例えば、「申し訳ございません。ただいま○○は会議中です。あらためてお時間を約束いただけますでしょうか」などと伝える。

❸ 来客が重なったとき

- 先着順に対応し、「お待たせいたしました」と必ず声をかけて、気配りを忘れない。

❹ 社員として

- お客様とすれ違うときは、通路を譲り、軽く頭を下げおじぎをする。
- 仕事をしているときは、直接紹介されない限り、手を休めてあいさつをする必要はない。

✕ これはマナー違反です

- 「いらっしゃいませ」のあいさつもしないで、いきなり「だれですか？」と名前を聞く。
- なれなれしく友達のように話しかけてしまう。
- 案内するときに、お客様のペースに関係なくさっさと先を歩いてしまう。
- すれ違ったときに社員が通路を譲らない。
- 案内中のお客様をほかの社員が追い越していく。
  （急ぐ場合は「失礼します」と言って追い越す）

？ こんなとき、相手や周りの人はどう感じるでしょう

だれですか？

- せっかく来たのに「いらっしゃいませ」もなく、「だれですか？」と聞かれて不愉快だ！
- 初めての訪問なのに、どうして親切に案内してくれないのかな？　安心して仕事の依頼ができるか心配だ！
- すれ違うほかの社員たちはみんな知らんぷりだ！自分たちは大切に思われていないらしい？

チェックポイント ✔🖊

ありがとうございました

失礼します

- [ ] お客様に対しては、ていねいな言葉づかいで親切に対応する。
- [ ] 通路の案内は、お客様の斜め前をお客様のペースに合わせて移動する。
- [ ] 通路でお客様と会った社員は、相手を思いやって通路を譲り、軽く頭を下げておじぎをする。
- [ ] 見送るときは、「ありがとうございました」「失礼します」という最後のあいさつも大切。

　職場にあなたの後輩が入社してきました。あなたの作業の様子や職場での行動は、後輩のよいお手本です。

　上司から、あなたが後輩に教えるように指示を受けた場合は、いつも行っていること（お手本となる動き）を見せながら、ていねいに教えてください。

　後輩は、新しい職場で緊張してドキドキしています。あなたの動きを見て安心してまねができるように、先輩のあなたは、正確で能率的な仕事と職場のマナーを守った行動を示してください。

基本的な後輩への接し方

❶ 後輩への仕事の指導は上司が行う
- 後輩に仕事のやり方を教えるのは、上司の役割。上司から指示されたときだけ後輩の指導をする。

❷ 後輩から質問された場合
- 後輩から質問された場合は、自分が教えられることはていねいに教える。
- 質問されたことが、自分自身でもわからない場合や自信がない場合には、質問されたことを上司に報告し、後輩にどのように教えるか相談する。

❸ 後輩が困っている様子を見かけた場合
- 職場で後輩が困っている様子を見かけたら、まず「どうしたの？」と声をかける。
- 後輩が困っていることが、自分で教えられる場合はていねいに教え、自分ではわからない場合は、すぐに上司のところへ後輩と一緒に行き、相談する。

✕ これはマナー違反です

- 上司から頼まれていないのに、後輩の世話をしようとして後輩のそばから離れず、自分の仕事に集中しない。
- 仕事に慣れない後輩が、作業に失敗したことにイライラしたり、怒り出したりしてしまう。
- 困っている後輩を見かけたのに、声をかけずに無視して通り過ぎてしまう。

？ こんなとき、相手や周りの人はどう感じるでしょう

- 自分の仕事を放り出して、後輩のそばから離れないなんて、一人前の社員とは言えないな！
- 先輩は親切のつもりだろうけど、いつも自分の行動に口を出されると、迷惑だし、うるさいな！
- 後輩の失敗にいちいちイライラしているようだけど、新人が失敗するのはあたりまえのこと。それを理解できないのは、先輩とは言えないな！

チェックポイント ✔️✏️

- ☐ 後輩に仕事を教えるのは上司の仕事。自分は指示されたことに限って、後輩を指導し助ける。
- ☐ 後輩に教えるときは、ていねいに、自分がお手本となる行動を示しながら教える。
- ☐ 後輩から、自分にもよくわからないことを質問された場合は、後輩と一緒に上司に相談する。
- ☐ 後輩が困っているのを見かけたら、「どうしたの？」と、やさしく声をかける。

質問されたのですがわからないので教えていただけますか？

コピー機などを使うときの注意

　事務的な仕事をしている人たちは、コピー・シュレッダー・スキャナーなどの機器を使うことが仕事の一部になっていると思います。パソコンなどと同じく、情報を扱うものなので注意が必要です。

①会社のコピー機、シュレッダー、スキャナーは共有で使う
- ・混み合うときもあるので、使える時間帯や順番を確認する。
- ・その作業は何時までに仕上げればよいか、確認しておくことが大切。

②書類は機密（社外秘）のもの
- ・書類を紛失しないように、作業手順や管理の方法を確認する。とくにコピー機やスキャナーに「原本」を置いたまま忘れないように注意する。
- ・書類の中身を偶然見てしまっても、内容をじっくり読まないように気をつける。内容を同じ部署以外の人に話すことは、情報漏洩になるのでしない。

③作業をしやすい服装で、機器へ巻き込まれないように注意する
- ・体を動かしやすいように上着を脱ぐ、シャツの袖をまくるなどの工夫をする。
- ・ネクタイや首に下げた社員証はシュレッダーに巻き込まれやすいので注意する。

尊敬語と謙譲語

　大人として正しい敬語を使いたいと思っていても、なかなか難しいものです。まずは、尊敬語は目上の人に対して使うもの、謙譲語は自分に対して使うものと理解した上で、相手や場面をセットにして使い方を覚えていくのがよいでしょう。たとえば、謙譲語では、自分が退社するときは「お先に失礼します」と言って帰ります。

丁寧語	目上の人に使う尊敬語	自分に使う謙譲語
帰ります	お帰りになります	失礼します
言います	おっしゃいます	申し上げます
聞きます	お聞きになります	うかがいます
来ます	いらっしゃいます	参ります
行きます	行かれます	うかがいます
見ます	ご覧になります	拝見します
食べます	召しあがります	いただきます
います	いらっしゃいます	おります
します	なさいます	いたします

● 第4章 ●

仕事と自分を
大切にすること

職場には、マナーの領域ではなく、
法律によって決められていることもあります。
また、安定して働き続けていくためには、
仕事以外の生活にも注目する必要があります。
自分を大切にするための項目を集めました。

通勤途中と仕事中の
ケガや病気

　通勤途中（行き・帰り）の交通事故や人との衝突などによるケガなどの「通勤災害」と、職場での機械や刃物などによるケガの「業務災害」は、いずれも「労働災害」（労災）といいます。「労災」として認められれば、療養補償や休業補償などが給付されます。（病院の治療費や休んでいる間の給料を出してもらえます。）

　寝不足や風邪、二日酔いなどで頭がボーとしていたり、なにか考えごとをしていたりすると注意力が落ちて、思わぬ事故やケガにつながるものです。健康管理や睡眠確保に努力することは、働く社会人として大切なことです。

通勤途中・仕事中にケガや病気になったら

**❶ 通勤途中で事故にあったり、ケガな
どをしたとき**

たいへんだったね～

- 助けを求めるとともに、職場に行く途中なら「職場」に、帰りなら「家族やグループホームの人」などに連絡するか、だれかに連絡をしてもらう。
- 通勤途中の事故やケガについては、被害者、加害者に関係なく、なるべく早く必ず上司に報告する。

❷ 仕事中のケガや病気

- 仕事中にケガをしたときはすぐに、気分が悪くなったときも必ず上司に報告する。
- 仕事で社外に出ていてケガをしたり、ケガをさせたときもすぐに上司に報告する。
- 仕事内容によっては、日ごろから"腰を痛めない姿勢をとるように気をつける""やけどをしないように気をつける"など安全に気を配る。

❸ 職場に行くと頭痛や吐き気などの症状が続く……もしかすると……

- その原因が職場の換気状況やセクハラ、パワハラ、いじめになどにあることがわかると、「労災」として認められる場合もある。
- 気になることがあるときは、支援者や労働基準監督署（労基署）に相談をする。
➡P86「㊱セクシャルハラスメント（セクハラ）」、P88「㊲パワーハラスメント（パワハラ）」も参考にしてね！

❹「労災」の場合は「健康保険証」が使えない

- 病院では最初に「通勤途中（あるいは仕事中）にケガをしたこと」を伝え、治療代の全額をいったん立て替えて病院に支払い、後で「労災」を扱う役所から治療代を受け取ることになる（ただし「労災指定病院」の場合は立て替えの必要がない）。
- 仕事中に自分のミスでケガをした場合も、他人のミスでケガをさせられ場合も、両方とも「労災」の対象になる。
- 「労災」は、正社員だけでなくパートやアルバイトなどすべての雇用形態が対象になる。

✕ これはマナー違反です

- 睡眠不足でうとうとしながらシュレッダーの仕事をしている。
- 職場の廊下でお客様とぶつかって、お客様が転んで膝を打ったのを報告しなかった。
- 同僚とおしゃべりしていて、道具を自分の足の上に落とし、ケガをして病院に行ったが上司に隠して報告しなかった。

？ こんなとき、相手や周りの人はどう感じるでしょう

- 眠いようでときどき手が止まっている。仕事に集中していないので、事故やケガが心配だ！
- 台車のネジのゆるみを知っていたら報告してよ！　知らないで使って危なかった！

チェックポイント ✔✏

☐ 通勤途中や仕事中のケガや病気などは「労災」になるので、必ず上司に報告する。

☐ 職場やその周りで、「壊れている」「危険だ」と思うようなことがあったら、すぐに上司に報告する。

☐ 仕事で使う道具に巻き込まれたりしないように、服装や持ち物などに気をつける。

会社のルールは「就業規則」が基本

会社には「就業規則」があって、"雇う側（会社）"と"働く側（従業員）"の職場でのルールが決められています。10人以上の従業員がいる会社は、労働時間・賃金・休暇・退職などについて「労働基準法」などの法律を規準にして「就業規則」を作成し、「労働基準監督署」に提出することが義務づけられています。会社が勝手に決めたルールではありませんが、会社によって内容に幅や違いがあるので確認が必要です。

就業規則　〇〇株式会社

従業員　経営者

会社ごとに違うルールの幅

「就業規則」では、「労働基準法」に定められている就業時間や賃金などを"雇う側"が守らなければなりません。例えば、最低賃金などは各都道府県で決められており、それを下回る規則は認められません。これらを基本にしたうえで、会社ごとの実情に応じて労働時間・賃金・休暇・退職などが決められ「就業規則」は作られています。

❶ 会社の人の許可をもらい「就業規則」を確認

● 「就業規則」は、とても細かく難しい言葉でルールが書かれている。自分の働く時間など基本的なルールを教えてもらうことが大切。

❷ 注意された理由がよくわからなかったり、会社のほうがルール違反ではないかと思ったとき

● 自分が理解している「就業規則」の意味が違っていたり、規則にはっきり書いてない点かもしれないので、上司に規則のどの部分か教えてもらう。

● 納得できないときは、家族や支援者に相談し、必要なら地域のハローワークに相談する。

● 「雇用契約書」と「給与明細」が手もとにあるか確認する。

「9時仕事開始」とあるけど9時に始めるためには準備時間が必要でしょ？

だから9時ちょうどに来たら注意されたのか！

✕ これはマナー違反です

- 「就業規則」の持ち出しやコピーをする。
- 「就業規則」を持ち出し、それを見せて会社以外の人に相談する。
- ルール違反を指導されたときに、「前の会社では大丈夫でした」と言う。
- 自分の雇用条件を確認したり、家族や支援者に相談しないで、上司に言われるまま、つらくても働き続けている。

❓ こんなとき、相手や周りの人はどう感じるでしょう

- 「君がしている○○は、就業規則を守っていませんよ」と注意したら、「でも、前の会社では大丈夫だったのに！」と答えた。今は会社も仕事の内容も違うのに、何を考えてるんだ！
- みんな9時には働く準備を完了しているのに、いつも9時ギリギリに出社して平気な顔をして席に着いている。「就業規則」に具体的に書かれていないことや説明されていないことは伝わっていないんだな！

チェックポイント ✔️🖊️

- ☐ 「就業規則」は法律を規準に作成されているが、会社によって内容に違いがある。

- ☐ 自分の「労働時間・賃金・休暇・退職」などは、必ず「就業規則」を見せてもらって自分で確認する。わからない場合は、まとめて質問する。

- ☐ 場合によっては、会社がルールを違反していることもあるので、疑問に思ったら必ず支援者やハローワークなどに相談する。

セクシャルハラスメント（セクハラ）

　職場には「セクハラ」という性的な嫌がらせに対して、男女雇用機会均等法により対策が義務づけられ（1999年施行）、相談窓口の設置などが行われています。対象になるのは正社員だけでなく、契約社員、派遣社員、アルバイトなどの非正規雇用の社員もすべて含まれます。

　自分が性的に不快なことをされたり言われたりしたときには、すぐに信頼のおける上司や同僚、家族や支援者などに相談しましょう。さらに必要なときには、セクハラ相談の専門窓口（地域の役所など）を利用します。一方、自分自身も加害者にならないよう、周りの人への接し方や言葉に注意することが大切です。

セクハラについて

　セクハラは、男性から女性だけではなく、女性から男性、あるいは同性同士で起きることもその対象となります。相手の人権を無視した行いであり、法律違反です。

❶ セクハラにはいろいろなタイプがあり、重複することも少なくない
- ●身体接触型：通りすがりに胸やおしりを触るなど
- ●発　言　型：不倫をしているという噂を流すなど
- ●視　覚　型：スポーツ新聞や雑誌のヌード写真のページを広げるなど
- ●対　価　型：契約を更新したかったら食事につきあえと言うなど

❷ どう思うか相手の気持ちが重視される
- ●相手に興味や好意があってスタイルなどをほめても、相手が嫌がる場合はセクハラになる。
- ●セクハラをしていた人たちの多くは、セクハラをしていたことを自覚していなかった。

❸ 「男女平等」を基本とした接し方をする
- ●性別や年齢に関係なく、立場に応じた接し方と言葉づかいをする。「男性だから」「女性だから」という見方で相手を判断しないことが大切。「男のくせに」「女のくせに」「いい年をして」などという言葉はつかわない。

✖ これはセクハラです

- 意図的に相手の体に触る。
- 相手が望んでいないのに容姿について話題にする。
- 「彼氏いるの？」とか恋愛経験をしつこく聞く。
- 断られても電話や LINE などの連絡先の交換を何度もお願いする。
- 相手の許可なく、一緒に通勤したくて駅の改札口でいつも待っている。
- お酒の席でお酒を注ぐことを強要する。
- 地位を利用し、契約の更新や待遇などを条件にして脅し、性的要求をする。さらに、拒否されると解雇など正当でない対応をする。

セクハラを受けたときの対応（例）

- 相手と良好な人間関係ができていると勝手に思い込んだ上司は、部下たちに「やめてください」と言われても性的体験談や性的冗談をくり返し発言していた。部下たちは"もう、うんざりだ！"と思って、会社のセクハラ相談窓口に通報した。

チェックポイント ✔ 🖊

- ☐ セクハラには、いろいろなタイプがある。
- ☐ 「そんなつもりはなかった」と言っても、相手の受け取り方が重視される。
- ☐ 性的に不快なことをされたり、言われたときには相談することを迷わず、信頼のおける上司や同僚、家族や支援者などにすぐ相談する。また、セクハラ専門の相談窓口（地域の役所など）もある。
- ☐ 社内でも社外でも「男女平等」を基本とした接し方や話し方をする。

㊲ パワーハラスメント（パワハラ）

　私たちは、職場で上司や同僚と一緒に仕事の目標達成をめざし、自分の役割を果たして給料をもらっています。そのために、上司は業務上必要な指示や指導などを行います。しかし、職場の上下関係など、相手より優位な立場を背景にして、殴られたりけられたり、あるいは大声で叱られるなど、身体的・精神的な苦痛を与えられるような行為は「パワハラ」です。

　2019年にハラスメント規制法が成立したので、パワハラ対策は義務化されます。

職場でのパワハラについて

❶ パワハラにはいろいろなタイプがあり、重複することも少なくない
- 身体的な攻撃：殴る、ける、髪を引っ張るなどの暴行を受けたり、物を投げつけられる。
- 精神的な攻撃：「役立たずは帰れ」などとくり返し大声で叱られる。
- 人間関係の切り離しをする：業務上必要ないのに、一人だけ別室で仕事をさせられる。
- 過大な要求：一人ではできない量の仕事を押し付けられる。
- 過少な要求：適正な仕事が与えられない。
- 個の侵害：私的なことに過度に立ち入られる。

❷ 上司と部下、経験年数の長い・短いなど相手より優位な立場が背景にある
- パワハラは、役職上の上司と部下の関係だけではなく、経験年数の長い・短いの関係や専門知識、人間関係などさまざまな優位な立場が背景にあって起きる。

❸ パワハラを受けていると思ったら、すぐに家族や支援者などに相談する
- つらい、怖いと思ったり、苦痛に思ったりしたらすぐに相談する。
- パワハラかどうか迷ったときもすぐに相談する。

✖ これはパワハラです

- 殴られたり、足でけられたり、物を投げつけられたりする。
- 同僚の前で大声で叱られたり、襟首などをつかまれ、くり返し叱られる。
- 職場の上司や先輩にあいさつしたり、話しかけても無視される。
- 同僚との接触や協力が止められ、一人だけ別室で仕事をさせられる。
- 時間内に終われないような過剰な仕事量や、達成不可能なノルマを押し付けられる。
- 「給料泥棒！」「役立たずは帰れ！」と言われたり、「そこのブス」「ハゲ」などと呼ばれる。

パワハラを受けたときの対応（例）

- 先輩は、はじめは熱心に仕事を教えてくれていたが、うまくいかないと「何回言ったらわかるんだ！」「何しに来てるんだ、帰れ！」と怒鳴るようになった。仕事を覚えるのに恐怖を感じたので、家族や支援者と相談してパワハラ相談室へ行くことにした。

チェックポイント ✔️🖋

- ☐ パワハラには、身体的な攻撃、精神的な攻撃などいろいろなタイプがある。
- ☐ パワハラを受けていると感じたら、家族や支援者、信頼できる上司などに相談し、必要ならパワハラ専門の相談窓口＊へ行く。

＊パワハラの相談窓口は、電話による相談を中心に、役所関係、NPO、法テラス（日本司法支援センター）などがあり、ネットで調べられる。会社の中にパワハラの担当部署が設置されている場合もある。

89

㊳ 健康的な食生活

　健康は、仕事を継続し、楽しく自立した生活をしていくために大切な要素の一つです。また、健康は自分の日々の心がけしだいで、つくり出すこともできます。特に食生活は、生活習慣病の予防や心身の健康を保つために大切なものです。

　病気ではないけど、なんだか、体がだるくて仕事に行きたくないなと思うとき、何かの栄養が不足しているのかもしれません。

基本的な食事のとり方

❶ 三色食品群がそろったバランスのよい食事をする

● 三色食品群（信号の色）からバランスよく食べる。

「赤い食品群」：筋肉や血液を作る肉、魚、卵、大豆製品、乳製品など

「黄色い食品群」：力や体温になる穀類、いも類、油類など

「緑の食品群」：体の調子を整える野菜、果物類など

● 朝・昼・晩の３度の食事で栄養をとり、１日１食は必ずバランスのよい食事をとるようにする。

❷ 脂肪、塩分のとり過ぎに注意する

● 油のとり過ぎは「肥満」に、塩分のとり過ぎは「高血圧」になりやすい。生活習慣病予防のために、カップ麺や同じ物ばかりを食べないで、野菜類を多めに食べる。

❸ 食べ過ぎ・飲み過ぎに気をつけて適度な運動をする

● 摂取カロリーと消費カロリーのバランスを考え、適正な体重の管理をする。

❹ 定期的に健康診断、歯科検診を受けて生活習慣病の予防をする

● 歯磨き習慣で、口腔内の清潔を保つことも健康維持には大切。

✕ これはマナー違反です

- ラーメンや菓子パン、ファーストフードを食べ続けて、体がだるい日が多く、たびたび欠勤をする。
- 偏食で好きな物だけお腹一杯になるまで食べる。
- 朝食を食べずに出勤し、仕事に集中できない。
- 歯磨きの習慣がなく、口臭や虫歯がある。
- 病気になるのは自分だから、家族や職場には関係ないと言って、周囲の人たちの話を聞かずに、暴飲（お酒の飲み過ぎ）・暴食（食べ過ぎ）を続ける。

? こんなとき、相手はどう感じるでしょう

- 昼食は毎日カップ麺。病気になったら自分もたいへんだけど、職場にも迷惑をかけることがわかっているのかな？
- 痩せているのにダイエットと偏食をくり返して、働く体力はあるのかな？
- 暴飲・暴食で喫煙までしているけど、継続的に働くためには、健康は大切な要素の一つだってことがわかっているのかな？

チェックポイント ✔ ✏

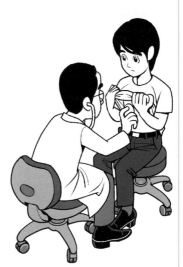

- ☐ 「赤・黄・緑」の三色食品群がそろっているか考えて食べる。合言葉は「信号の色」「まごはやさしい＊」。
- ☐ 毎日同じ物だけを食べないで多様な食品を食べる。
- ☐ 1日3回の食事で栄養をとり、暴飲・暴食はしない。
- ☐ 脂肪と塩分のとり過ぎに注意し適正体重を維持する。
- ☐ 散歩など適度な運動を継続して行う。
- ☐ 健康診断と歯科検診を定期的に受ける。
- ☐ 食生活の乱れは、将来の生活習慣病につながる。

＊「まごはやさしい」：「豆・ごま・わかめ・野菜・魚・しいたけ・いも」の頭文字から取ったもので、健康によいバランスのとれた食生活を送るための言葉。

㊴ かせいだ給料（お金）の使い方

　仕事をすると給料（お金）が支給されます。人はこのお金で「生活」をし、「余暇」を楽しみ、いざというときのために「貯金」もします。

自由に使えるお金を把握する

❶ お金について考えるときは、次の「引き算」が基本（毎月とボーナス月がある）になる
- 収入（あなたのものになるお金）－生活に必要なお金－貯金＝「自由に使えるお金」

❷ 「生活に必要なお金」にはどんなものがあるか？
- 食べる、住む（家賃、管理費、電気・ガス・水道代など）、着る、健康・清潔に過ごす（病院、薬、理美容、洗剤ほか生活雑貨など）、出かける（交通費や車などにかかるお金）、連絡や通信（スマホ料金など）、人とつきあう（町内会費、香典や祝金等）など、いろいろとお金がかかる。
- スマホにかかるお金のうち、基本料金は「生活に必要なお金」だが、音楽や映像のダウンロードやゲームなどにかかるお金は「自由に使えるお金」に入る。

❸ 「貯金」はどうして必要か？
- 「一人暮らしに向けた準備のため」「冷蔵庫やスマホが壊れたときなど急にお金が必要なときのため」「旅行・コンサートなどの自分のお楽しみのため」「２年ごとにかかるアパートの更新料のため」などに必要である。

❹ 「お金があまったら貯金しよう」ではなかなか貯金はできない
- 収入から「生活に必要なお金」と「貯金のお金」を引いた後に、「自由に使えるお金」が決まるのが❶の引き算。

❺ 「自由に使えるお金」の使い道
- 自由に使えるお金を活かして、習いごとをしたり、趣味や遊びなどを楽しんだりして、リフレッシュ（気分転換）する。

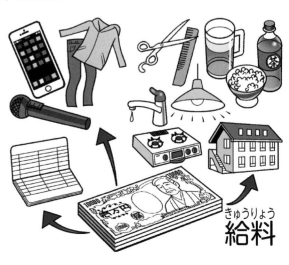

給料

✗ これはマナー違反です

● お金を使いすぎて昼食代がなくなり、給料日前はいつも同僚にお金を借りる。あるいは、昼食をとらずに午後は腹ペコで働く。

● 定期券分のお金を使ってしまい、交通費がなくて会社を休む。

● お金を貯めたいので、友達に「お金を出しておいて」「払っておいて」と言うことが多い。

● 友達におごることが多くてお金がないので、自分の服や靴はいつもボロボロ。

「いつも助かります」

? こんなとき、相手や周りの人はどう感じるでしょう

● 給料が出ているのに昼食代がないなんて、いったい何にお金を使っているのだろう？お金のやりくりができないのかな？

● 自分が出すべきお金は出さないと、だれも一緒に遊んでくれなくなるよ！

● 人におごったり、ブランド物の時計をしていたりするけど、生活は大丈夫なのかな？

チェックポイント ✔🖊

☐ 給料が入ったら、いつもの「引き算」で必要なお金を分けて「自由に使えるお金」を確認する。さらに、平日のお小遣いと休日のお小遣いに分けてもいい。

☐ お金のことで困ったり迷ったときは、家族や支援者にすぐ相談しよう。早い相談が早い解決につながるよ！

　①しつこく「お金を貸して」「おごって」と言ってくる人がいる。
　②だまされたかもしれない。
　③突然「お金を支払え」というメールがきた。
　④家計のやりくりが、うまくいかない。
　⑤ギャンブルをやめたいのに、やめられない。など

㊵ スマホで失敗しない ために

あなたは、スマホを使っていますか？　スマホは、ネット上で情報を見たり、音楽や映像、ゲームを楽しんだり、また、メールや LINE、SNS（ソーシャル・ネットワーキング・サービス）で知らない人ともつながることなどができる便利なものですが、使い方に気をつけないとたいへんな被害にあってしまいます。

失敗しないネットとのつきあい方

❶ 個人情報に気をつける

- ネット上に、自分・家族・友達・同僚などの氏名、住所、電話番号、マイナンバーのほか、顔・障害者手帳・保険証・免許証・制服・社員証・社員バッジなどの写真は、絶対に載せないようにする。

- SNS で知り合った個人に送ったつもりでも、もしその人に裏切られたら、世界中にあなたやあなたの家族・友達・会社の情報がばらまかれることになってしまう。

❷ ネット上に会社や他人の悪口は書かない

- 会社や相手にはわからないと思ったら大間違い。会社にいづらくなったり、人間関係が悪くなったり、反論がたくさんきたり（「炎上」という）してたいへんなことになる。
- 会社や他人のことで悩みがあるときは、ネット上に書き込まずに支援者に相談する。

❸ ネット上で出会った人に会うことはとても危険

- ネット上で出会った人に会うことはとても危険なこと。ネットの情報にはウソが多く、ニュースでよく報道されているように、犯罪に巻き込まれるケースが少なくない。

❹ 架空請求への対応

- 画面に突然「金払え！」……びっくりするよね。これが「架空請求」。絶対に、メールの返信や電話をしてはいけない。もちろん、支払いも絶対しないで無視して大丈夫。少しでも心配なときは、家族や支援者など信頼できる人にすぐ相談する。

❌ これはマナー違反です

- 休憩時間に同僚や社内の写真を撮って、勝手にSNSに載せてしまう。
- つきあってもいないのに、異性にLINEやメールをひんぱんに送ってしまう。
- オンラインゲームを毎日夜中までやるようになり、有料アイテムの購入でお金がなくなり、今週は昼食ぬきが続いている。

❓ こんなとき、相手や周りの人はどう感じるでしょう

- 自分や同僚、会社の個人情報を守れないのは、社員として失格だな！
- 一方的にたくさんメールを送ってくるなんて、上司に相談しないとダメかも？
- 「きちんと睡眠と食事をとるように」と言われるたびに、「ゲームを減らします」と返事はするけど、相変わらず遅刻が目立ち仕事で同じ失敗をくり返している。もしかして、自分の力だけではゲームをやめられない"依存症"になっているのかも？

⭐オンラインゲームやスマホいじりを、"今日はやめておこう""もうやめて寝よう"と思ってもやってしまう。こういう人は、自分だけの力でやめることは難しく、病院で治療を受ける必要があるかもしれない。家族や支援者に相談しよう。

チェックポイント ✔️✏️

- ☐ ネット上でのマナー、自分・知人・会社の個人情報などを守ってスマホを使う。
- ☐ あっという間にお金や時間を使ってしまうオンラインゲームがやめられなくなったら、すぐに家族や支援者に相談する。

㊶ 就業時間後の おつきあい

　もし、職場の上司や先輩、同僚から「今日、一杯どう？」「今夜みんなでどう？」と言われたら、それはたいていの場合、「仕事が終わった後に、お酒を飲みに行きませんか？」「飲み会に参加しませんか？」という意味です。そんなとき、あなたならどうしますか？

就業時間後は無理せず、じょうずにおつきあい

❶ 無理をしないで断ってもよい

- 当日に「今夜どう？」と言われても困ってしまう。べつに用事があるわけではないけど……という人もいるのでは？　そんなときは無理をしないで、「ありがとうございます。でも今日は、ちょっと用事があるので……」と言ってお断りする。「予定していた過ごし方をする」というのも、あなたにとっては大切な用事。
- 「歓送迎会」「納涼会」「忘年会」など、早めに予定がわかる会だけに参加するというつきあい方もある。これらもストレスになるという人は無理をしなくてもいい。
- 「参加を強制される」と感じる人は、話しやすい上司や支援者に相談する。

❷ お酒を飲んでいいかを考える

- 「飲み会」に参加しても、1）20歳にならない人、2）帰りに車・バイク・自転車に乗る人は、お酒は禁止。勧めてもいけない。ソフトドリンクでつきあおう。

❸ 「割り勘」が基本

- 飲み会などに参加したら「割り勘」が基本。"おごっていただくこと"があるかもしれないが、"毎回それがあたりまえ"とは思わないこと。支払うお金がないときは、飲み会に誘われても「今日は用事があるので……」とお断りする。

❹ お酒はほどほどに

- 「お酒に酔ってベロンベロン」は、社会人として失格。「一人で自宅に帰ることができる状態」を守る。トイレに立ってふらついたら、もうお酒はやめて、水かソフトドリンクを多めに飲もう。

❺ ホテルなどにはついて行かない

● 飲み会の後、ホテルや自宅に誘われても「今日は帰ります」と言ってついて行かない。とくに女性は男性が一人でも複数でも、ホテルやだれかの自宅について行かない。そのためにも、「一人で自宅に帰ることができる状態」であることが大切。

✕ これはマナー違反です

● 「飲み会」で、1）おつまみを一人占めする。2）隣に座った人に、ずっと自分の趣味の話をする。3）周りの人の肩や手、足などを触る。

● 「飲み会」が終わったときに、お金が払えなかったり、帰りの電車が終わっている。

● 次の日、二日酔いや寝不足で仕事にならない。

● おごっていただいたのに、次に会ったときにお礼を言わない。

？ こんなとき、相手や周りの人はどう感じるでしょう

● 飲み会でおつまみを一人占めしたり、ずっと自分の趣味の話をしたり、周りの人の体を触ったり……。もう飲み会に来てほしくないから誘わないよ！

● 飲み会が楽しく終わったのに、お金が払えないとか終電を逃したとか大迷惑！　いっぺんに楽しい気持ちがさめてしまった。もう誘いたくない！

● 飲み会の翌日は二日酔いか睡眠不足で仕事にならない。これでは飲み会に参加する資格はないなあ！

チェックポイント ✔🖊

☐ 就業時間後のおつきあいは、無理しないで断ってもよい。

☐ 終電の時間を忘れず、酔っても「一人で自宅に帰ることができる状態」を守る。

☐ 飲み会は「割り勘」が基本、お金がないときは「今日は用事があるので……」と言ってお断りする。

㊷ 余暇を楽しんでリフレッシュ

仕事をしていると、どうしても頭や体が疲れてしまいます。そんなときは、仕事が終わった後や休憩時間、休みの日に何か楽しいことをしたり、のんびり過ごしたりしてリフレッシュ（気分転換）すると、また元気が出てきます。

これは、社会人としてとても大切で必要なことです。

「リフレッシュリスト」を作って、決める

❶ 「リフレッシュリスト」を作る

こんなリフレッシュができる、またはやってみたいことのリストを作ってみよう。

リフレッシュリスト
①一人でできること
②だれかと一緒にできること（一人で過ごすのが一番いいという人もいる）
③住まいの中でできること
④外でできること
⑤短い時間でもできること（休憩時間や仕事が終わった後などにお勧め）
⑥長い時間楽しめること（休みの日にお勧め）
⑦気持ちが盛り上がること
⑧心が落ち着くこと（「明日は仕事」という日の夜にお勧め）

❷ お財布とも相談して決める

● 「リフレッシュリスト」の中にはお金がかかるものもある。お金をいくらでもリフレッシュに使えるというわけではないので、**収入－生活に必要なお金－貯金＝残りの「自由に使えるお金」** が、リフレッシュなどに使えるお金となる。自分の場合はどれくらいの金額になるか調べてみよう。

● リフレッシュに使えるお金が少なくても、いろいろ工夫をすれば楽しむことはできる。1）買わないでレンタルや図書館を利用する。2）リサイクル品を買う。3）ジムやプールは市区町村立の安いところに行く。4）散歩・ウォーキング・ランニングなど、お金のかからない楽しみ方をする。5）障害者割引を活用するなど。

✖ これはマナー違反です

● 昼休みにリフレッシュしようと散歩に出たが、午後の仕事時間に少し遅れた。
● 日曜日に筋肉トレーニングをやりすぎて、腰を痛めて月曜日は会社を休んだ。
● 気分転換に読みはじめたマンガがおもしろくて夜中まで読んでしまい、睡眠不足で会社でついウトウトしてしまった。
● 遊びにお金を使いすぎて、昼食代がなく昼食ぬき。午後は腹ペコで元気が出ない。

？ こんなとき、相手や周りの人はどう感じるでしょう

● 休みの翌日はいつもウトウトしているね。「明日は仕事」ということを考えて睡眠時間をちゃんと取るのが社会人だけど、まだ仕事への責任感がないな！
● 会社近くの高額なジムに通っているから、給料日前はいつも昼食ぬきで元気がないなんて、本末転倒だね！

チェックポイント ✔ ✎

☐ 自分のリフレッシュリストを作り、短い時間もじょうずに活かして気分転換をする。

☐ 体の疲れや痛み、睡眠不足など、明日の仕事に影響しない楽しみ方を考える。

☐ あまりお金をかけないで、じょうずにリフレッシュする方法を考える。

ときめく気持ちと おつきあい

　職場の同僚や取引先の人、お客様や通勤途中で会う人などに、「ステキ！」「かわいい！」「イケメン！」「いい感じ！」と気持ちがときめいてしまうことがあるかもしれません。反対に、あなたがなんとも思っていない人から「好きです！」「つきあって！」などと言われて、困ってしまうことがあるかもしれません。こうしたときの基本的なマナーを知っていることが大切で、すてきな社会人です。

ときめく気持ちとおつきあいの基本

　異性（「同性」の場合もある）に心がときめくことは、とてもすばらしいことです。だからといって、気持ちのままに、「好きです！」とか「つきあって！」と、すぐに言葉にしたり、ずっと見ていたり、そばに近づきすぎる……これではマナー違反です。

❶ 気持ちがときめいても、あせらない

- 気持ちのままにすぐに言葉にして伝えても、相手をびっくりさせたり、怖がらせたりすることになる。「好きです」「つきあってください」という気持ちを伝えるまでには、お互いに知り合うおつきあいの段階をふむことが必要。

　１）笑顔で気持ちのいいあいさつ、親切・ていねいに接する。まずはそこから、あせらずに！　そうすれば、あなたの“モテ度”がアップする可能性も……。
　２）休憩時間に少し話をする。
　３）昼食を一緒に食べる。
　４）仕事の帰りに一緒にお茶をするなど、一歩一歩「出会い」を深めていく。
　＊１）〜４）の途中の段階で断られたときは、いさぎよくあきらめましょう。

❷ 職場は仕事をするところ

- 職場は仕事をするところ。そしてあなたは職場の一員です。同僚やお客様などに対して、１）必要以上に話しかける、２）必要以上に体を近づける、３）５秒以上じっと見るなどは、どれもマナー違反。こんなことをしていると相手が上司に訴えたりして、あなたは職場にいづらくなる。

❸ 困ったことや嫌なことがあったらすぐに相談する

● 反対にあなたが、なんとも思っていない人から「好きです！」とか「つきあって！」とか言われて、困ってしまったときは……

　1）「ごめんなさい。おつきあいはできませんので……」とはっきり断る。

　2）それでも、しつこく「つきあって！」と言われたり、嫌なことをされるときは、支援者や家族、上司などにすぐ相談する。

✖ これはマナー違反です

● 通勤途中で会う知らない人に「かわいいですね」と何回もくり返し声をかける。

● お客様などに「イケメンですね」と言う。

● 何人もの同僚に「結婚して！」と言う。

● 異性の同僚やお客様などに、体や顔を近づけすぎる。

❓ こんなとき、相手や周りの人はどう感じるでしょう

● 知らない人に「かわいいですね」と言われても、嫌だわ。なんだか気持ちが悪い！

● お客に「イケメン」だの「ステキ」だのと言うとは、なんて非常識な会社なんだ！

● 軽々しく「結婚して！」と言うなんて、あまりに失礼！

チェックポイント ✔🖊

☐ 「かわいいね」「イケメンですね」などと言えば、だれでも喜んでくれるわけではなく、嫌がられることもある。

☐ 同僚は、長く一緒に働く人。嫌な気持ちにさせるようなことがあると、あなたも会社にいづらくなる。

☐ 嫌なことをされたり言われたときには、支援者や家族、上司などにすぐ相談する。

➡ P86「㊱セクシャルハラスメント（セクハラ）」も参考にしてね！

101

ビジネスマナー集

44「仕事」と「自分の生活」のよいバランス

遅刻や欠勤もなく、上司や職場の人たちに信頼されているあなたは、職場では100点満点です。しかし、自宅に帰ったあなたはどうでしょう。脱ぎ散らかした服を家族に片づけてもらうような生活をしていませんか？　休日は家にこもって、お菓子を食べながらテレビや DVD を見ているだけではありませんか？

ただし、週５日働き始めたり、新しい仕事に変わったりしたなど、職場で気をつかって疲れている時期は、のんびりと休日を過ごすことも必要です。

また、職場はあなたがより充実した毎日を送るために、お金を稼ぐ場所です。あなたはその給料をじょうずに自分のために使っていますか？

長い人生を生きていくためには、仕事と自分の生活のよいバランスを、その人なりに充実させていくことが大切です。中・長期的な目標として見すえ、あせらずに取り組んでいきましょう。

基本的な仕事と生活のバランスの取り方

❶ 自分の生活でもマナーを守る

- 職場と同じように自宅でもマナーを守る。身の回りの管理や給料でやりくりをする。また、支援が必要な場合には、積極的に活用する。

生活の目標
27歳までに
一人暮らし！
休日の予定
6月
友達と1泊旅行
8月
コンサート

❷ 自分の生活、自分の人生に目標をもつ

- 職場に予定があるように、自分の生活にも目標や予定を立てる。グループホームでの生活や一人暮らしをするための目標、自分の健康を守るための目標、あるいは自分の趣味や友達とのイベント参加などを予定表に書き加える。

❸ 暮らしの目標や楽しみのための予定を、自分一人では立てられない場合

- 障害者就業・生活支援センターなどが相談にのってくれる。休日の充実した過ごし方などのほか、職場を退職した後の生活や、家族に頼れなくなった後の生活についても相談できる。

✕ これはバランスが悪いです

- 仕事が終わった後や休日は何もすることがない。ただ体を休めて、職場に行くことばかり考えている。
- 仕事に行っているのだから、自宅では身の回りのことは全部、家族に頼っていいはずだ。
- 仕事内容が変わったばかりで疲れているが、休日を充実させることは大事と、無理をして外出を計画する。
- 一人暮らしをする目標を立てたが、仕事が忙しいし、友達も一人暮らしをしていないので、このまま家族に頼った生活でもいいと思っている。

？ こんなとき、相手や周りの人はどう感じるでしょう

- 仕事に行ってはいるけど、自宅では何もしないでテレビばかり見ている。自分たちがいなくなった後、一人で暮らしていくことができるのか、家族としてとても心配だ！
- 地域での生活のハードルを高く感じていても、グループホームの利用や日常生活自立支援事業の利用を相談してみればいいのに！

チェックポイント ✔✏

- [ ] 仕事と生活のよいバランスは、あせらずに中・長期的な目標として見すえ、取り組んでいくことが大切。

- [ ] グループホームで暮らす、一人暮らしをする、パートナーと一緒に暮らす、自分の好きな街で暮らすなど、自分の生活の目標をもつ。

- [ ] お金のやりくりをして貯金し、趣味や旅行など充実した休日の予定を立てる。

- [ ] 自分の健康を守るための目標と予定を立てる。医師や支援者などに相談するのもよい。

歯の定期検診を受けよう

　私たちの健康や生命は、食べることによって維持されます。歯と口腔の健康を保つことは、食生活を豊かで楽しいものにしてくれます。厚生労働省では、「8020運動」をスローガンとしています。なぜなら、80歳になっても20本以上の歯が残っていれば、食べ物をよく噛んでおいしく食べられるからです。歯は健康の原点なのです。

①歯を失う原因は歯周病と虫歯
- ・生活習慣病の一つである歯周病は、その進行に気がつきにくく、若くても歯が抜け落ちたりする。
- ・虫歯の予防のためには、食べた後や寝る前に歯を正しく磨き、歯垢をしっかりと取り除く。

②年に1、2回は歯科検診を受ける
- ・かかりつけの歯科医院を決めて、問診、虫歯治療、歯周病検査、かみ合わせチェック、ブラッシング指導などを受けて歯の健康を保つ。

③歯ブラシ、糸ようじ、歯間ブラシ、マウスウォッシュなどをじょうずに使う

歯周病セルフチェック

- □ 歯ぐきが赤くはれている。
- □ 口臭が気になる。
- □ 口の中がネバネバする。
- □ 歯ぐきが痩せてきた。
- □ 歯間にものがつまりやすい。
- □ 歯ブラシに血がつく。
- □ 触るとグラつく歯がある。

印鑑（はんこ）を押すときには注意！

　働き始めると、書類に自分の名前を書いて印鑑を押す機会が出てきます。印鑑を押すことはあなたが意思表示をすることです。しかし、その印鑑を気軽に押してしまうと、思いがけない被害にあってしまいます。

①友達に「ローンの連帯保証人になってほしい」と頼まれたときに、自分の名前を書いて印鑑を押してしまうと、あなたは連帯責任者となってしまいます。
- ・もし友達がローンを返済しないと、そのまま**あなたの借金**となってしまいます。
- ・保証人欄への印鑑は絶対に押してはいけません。頼まれても押さないで、すぐに信頼できる人に相談します。

②印鑑を人に**貸したり、預けたり**することは絶対にしてはいけません。
- ・悪用されるとトラブルに巻き込まれることになります。あなたをだまそうとする人たちは、親切でよい人のふりをしてあなたに近づいてきます。
- ・親しい人（恋人や親友など）でも貸したり預けたりするのはダメです。なぜなら、貸したり預けた相手が別のだれかにだまされたり盗まれたりすることがあるからです。自分が預けたせいで、親しい人をトラブルに巻き込んではいけません。

第2部

職場での具体的な配慮と支援の事例

　知的障害や発達障害のある人たちが企業などでたくさん働く社会になり、働きはじめてからの"定着支援"も重視されるようになってきました。

　障害のある人たちを雇用している企業などでは、障害特性に配慮した環境調整等について、一定レベルの対応が求められる時代となっています。

　ここでは、職場での具体的な事例を通して、配慮や支援の実際について理解を深めていきます。

イマジネーション（想像力）の不足を補うために

　一定期間の就業経験や複数のアルバイト経験のない人にとって、実際の仕事内容についての具体的なイメージはもちにくいものです。なかには、実習開始の前日に、強い不安を感じる人もいます。新しい環境に入っていくわけですから、多かれ少なかれ不安はつきものです。しかし、経験の少なさだけではなく、障害特性としての「イマジネーションの弱さ」も影響しているのです。

● 実習（インターンシップ）前の不安 ●

　就労移行支援事業所「アサヤケ」では、利用している人たちの職業能力を評価する機会として、「あおぞら印刷工業」で約１カ月の実習を行っています。会社のホームページを見ると、印刷や製本だけでなく、動画作成、WEBデザイン、イベントの企画など、さまざまな業務を行っている企業です。

　実習に入る人たちは、その会社のホームページを見ますが、「自分はインターンシップで何をやるのか？」という不安は大きなものでした。支援者が口頭で「PCを使った名簿の入力や会議資料の印刷などが実習の仕事ですよ」と伝えても、不安はなかなか減りませんでした。

● 不安の軽減に向けて ●

- ●「あおぞら印刷工業」は、実習での日課や仕事内容についての写真をいろいろ撮影した。
- ●「おぞら印刷工業」の標準的な実習の日課表を作り、仕事内容などの写真を貼り付けた。
- ●「アサヤケ」では、インターンシップ前にこの写真付きの日課表を使い、実習する人たちに説明した。
- ●後日、「あおぞら印刷工業」からは、さらに具体的な実習のイメージがもてるように、動画の撮影が提案された。

あおぞら印刷工業 実習
日課表 〇月△日（□）
8:45 出社
9:00 朝礼
9:15 パソコン入力
12:00 昼休憩・昼食
13:00 資料の印刷
16:45 終礼
17:00 退社

配慮のポイント

　発達障害のある人だけではなく、知的障害のある人にとっても、目に見えないことを想像することは苦手なことであり、それにより不安が強くなる場合もあります。写真や動画といった具体的な事前情報が、役立つ場合があるのです。

マナーを小さなルールにしてみる

IT 系の会社に 2 度目の就職をした 30 歳のマサアキさんの騒音に、周囲の同僚は迷惑しています。服装や勤務中のおしゃべり、席での飲食など、比較的自由度の高い職場ですが、マサアキさんの行為は許容できる範囲を超えているようです。

● 大量のスナック菓子と大きな音 ●

仕事内容は事務補助一般ですが、ときどき PC でオリジナルのキャラクター作成を依頼されることもあります。以前の職場と違い、自由な職場風土をたいへん気に入っています。

入社後 3 カ月が経過した頃から、職場に毎日大きな袋のスナック菓子を持ち込んで、大きな音を立てながら食べるようになり、同僚はそれを快く思っていません。けっして仕事の手を抜いているわけではないのですが、「バーンと大きな音を出して袋を開ける」「バリバリとスナックを食べる音が響く」など、一部の人にはとても気になる音でした。そして、毎日 2 袋を完食します。

● 従業員の自主的なルールを作ってみる ●

● 同僚からの苦情が何件もあり、上司はマサアキさんに間食について注意を 2 度したが、改善は見られなかった。

● マサアキさんは、同じフロアでスナック菓子を食べている人がほかにもいることを知っていて、反省には至らなかった。（ただし、ほかの人は大きな音を立てていない）

● 試行錯誤の末、会社の健康管理担当責任者と外部の就労支援担当者は、「職場内の間食は、概ね 1 日 400 キロカロリー以下を目標とする」という職場内の自主的なルールづくりと、その健康チラシを作成して配布した。

● その後、マサアキさんの間食は小さなスナック菓子 1 袋に減り、周囲からの苦情もなくなった。

配慮のポイント

マナーには、明確なルールのない、相手の立場を想像して振る舞うことが求められるものが多いです。知的障害や発達障害のある人の中には、このようなあいまいな基準やそれによる叱責や注意によって、職場適応が難しくなることも少なくありません。必ずできる方法ではありませんが、ときには職場全体の明確なルールを作ることで、このような問題が解決することもあります。

自分の心身の状態について理解するのは難しい

　仕事や人間関係で生じる心身の不調について、その理由を探ることは簡単なことではありません。自分のことであっても、複雑な因果関係を理解するのはとても難しいことです。本人が口にする原因以外についても、配慮をしていく必要があります。

● 入社後2年が経過して休みがちに ●

　ハルカさんは、配送センターで品物の梱包やピッキング（品物を集める）の仕事を中心に2年間まじめに働いていました。職場での評価も高く、本人も「自分に合ったいい職場に就職できた」と喜んでいました。

　上司はハルカさんの将来も考え、仕事内容を増やしていきたいと思いました。プライベートでは、メールやSNSをしているという話も聞いていたので、データ入力の仕事に挑戦してもらうことにしました。ハルカさんは、新しいデータ入力の仕事に興味もあって取り組みましたが、2、3カ月たつと、週1回のペースで休んだり早退したりするようになりました。本人の言う不調の理由は、「上司の目が怖いから」ということでした。

● 面接を通して解決に向かう ●

- 当面、就労定着支援の担当者が、ハルカさんと週1回の面接を行うことにした。
- 上司は、強く叱責したり注意したりすることはなかったが、ハルカさんは毎回「上司の目が怖い」と話していた。
- 就労定着支援の担当者は、不調の理由は明らかではないが、まず仕事の負荷を減らすことを上司に提案した。
- いったん、新たに始めたデータ入力の仕事を中止したところ、出勤が安定してきた。
- その後、とくに上司を避けるようなこともなくなった。

配慮のポイント

　仕事に就き、与えられた仕事をこなし、周囲からの評価も高くなってくると、本人も周囲もステップアップを考えるようになります。しかし、そのペースや新たな業務に対する負担感は、人それぞれ違います。心配ごとや仕事上の悩みがあれば、支援者などにすぐに相談することが原則ですが、本人が今相談すべきかどうかを判断することはなかなか難しいものです。日頃の様子を、周囲の人たちがしっかりと見守るといった配慮は、ときにたいへん重要になります。

もう一回 "仕事の切り出しと組み立て" をする

アヤカさんは、ファミリーレストランのチェーン店に勤めて7年目です。今年になって職場だった店舗が閉店し、近隣のショッピングモール内にある店舗へと異動になりました。仕事内容は基本的に変わらないはずですが、最近アヤカさんは元気がありません。

● 指示待ちの時間が増える ●

実は、同じファミリーレストランのチェーン店でも、これまでアヤカさんが働いていた店舗と新しい店舗とでは、規模が全く違います。客席数が半分以下の小規模店舗です。以前と同じ仕事だけでは、勤務時間の半分も仕事がありません。待機時間が長くなって、上司や同僚からの次の仕事の指示を待つようになりました。

新しい店舗の上司や同僚は優しい人が多く、アヤカさんも気に入っているのですが、次第に通勤の足が重くなってきていました。

● 7年前の就職受け入れ準備をもう一回実施する ●

- 上司は、アヤカさんが就職したときに、仕事のイロハを教えてくれたジョブコーチに相談した。
- ジョブコーチは、アヤカさんの採用前に、店舗の "仕事の切り出しと組み立て" を行ったことを説明し、新たな店舗でもう一回この手続きの実行を提案した。
- ジョブコーチはレストランに1日訪問し、上司と一緒にアヤカさんの新しい1日の仕事を切り出して組み立て、次の日から再トレーニングをスタートさせた。
- アヤカさんは、以前の店舗ではやったことのない厨房内の仕事もあり、しばらくトレーニングが必要だった。
- 仕事を覚え始めると同時に、職場での表情も明るく変わってきた。

配慮のポイント

知的障害や発達障害のある人の就労支援の基本は、一人ひとりが自信をもって完了できる仕事がしっかりとあることです。ルールやマナーの理解は、これが前提であることを忘れてはいけません。

あとがき

　前著『知的障害や自閉症の人たちのための　見てわかるビジネスマナー集』が出版された 2008 年当時は、"ビジネスマナー" という言葉は広がりつつあるものの、まだ身近なものではありませんでした。しかし、今日ではある程度のビジネスマナーを当然のごとく自分のものとして働いている人たちがたくさんいる時代となってきました。

　この 10 年間には、障害者雇用に関する法律が変わっただけでなく、人々や企業を取り巻く社会情勢も大きく変化してきました。そこで本書は、前著の特徴であるイラストをふんだんに取り入れ、見てわかりやすく、実行しやすいページ構成を引き継ぎながら、大幅な項目の追加など内容の全面的な改訂を行いました。

　本書に掲載された全項目をすべて身に付けることはとても難しいことです。一人ひとりどうしても苦手とすることが少なからずあると思いますが、自分のそうした部分を知ることは大切なことです。そして支援者は、本人の特性をいかに企業や職場にうまく伝え、その具体的な対応について理解を深めてもらうことが、就労が継続されていくために重要なことだと考えています。たとえば、あいさつなどが苦手であっても、そんな苦手な部分がありながらも、職場の同僚から信頼されて働いている人たちはたくさんいるのです。

　本書が、当事者の方々や関係者の方々のお手元に届き、一緒にビジネスマナーの学習が進められ、社会人として、社員としての成長に役立てていただけることを願っています。

　最後に、前著の企画を発案された三苫由紀雄先生（当時東京都立高島特別支援学校校長、全国特別支援学校知的障害教育校長会会長）、および前著の企画編集プロジェクトを立ち上げて出版に協力された公益財団法人明治安田こころの健康財団（1965 年設立）の皆様に心より敬意を表します。また、10年にわたるフォローと新版の企画編集委員会の活動を支えていただきました株式会社ジアース教育新社の加藤勝博社長、および編集部の市川千秋氏に心より感謝申し上げます。

令和元年 10 月 1 日

「新・見てわかるビジネスマナー集」企画編集委員会委員一同

執筆者一覧

【執筆】

青山 均

横浜市社会福祉協議会障害者支援センター
セイフティーネットプロジェクト横浜アドバイザー

第1部6〜8、11〜13、28、32、ワンポイント p80・104

市川 浩樹

独立行政法人高齢・障害・求職者雇用支援機構
研究企画部企画調整室長

第1部25〜27、29

江國 泰介

特定非営利活動法人ゆるら 地域相談室ぽらりす
相談支援専門員 / 社会福祉士

第1部16、34、39〜43、ワンポイント p52

表　昇

東京都立墨田特別支援学校主任教諭

第1部5、21、22、30、31、ワンポイント p20

岸岡 裕江

社会福祉法人電機神奈川福祉センター ぽこ・あ・ぽこ

第1部9、18〜20、38、ワンポイント p20・104

志賀 利一

社会福祉法人横浜やまびこの里
相談支援事業部長

この本を活用するために、第1部14、15　第2部事例1〜4

堀江 美里

NPO 法人 WEL'S
就業・生活支援センター WEL'S TOKYO

第1部10、35〜37、ワンポイント p80

村上 知之

神奈川県立鶴見養護学校総括教諭

第1部1〜4

渡邉 一郎

足立区福祉部高齢者施策推進室
高齢福祉課高齢援護係

第1部17、23、24、33、44、ワンポイント p52

【イラスト】

中尾 佑次

イラストレーター・情報漫画家・東京都自閉症協会会員

知的障害・発達障害の人たちのための
ビジネスマナー集
鉄太就職物語

特別支援学校高等部を卒業した鈴木鉄太が初出勤からあこがれの「先輩」になるまで。みだしなみや言葉づかい、人との適切な距離感や休憩時間の過ごし方、そして異性との関係。社会人としてのルールやマナーに慣れるまでは失敗の連続だが、上司や支援者、家族や友達の支えを受けながらストーリーを通して成長していく様子をコミカルに描く。

■ビジネスマナーは、人を思いやり不快感を与えないことで、社内外の人たちとのコミュニケーションをスムーズに行うために欠かせないものです。

■仕事の知識や技術があっても、ビジネスマナーでつまずいてしまう知的障害や発達障害の人たちが少なくありません。

■マンガならではの面白くて楽しいストーリーを通して、ビジネスマナーをわかりやすく解説し、理解を深めることができます。

本書は、多数のイラストを用いた『見てわかるビジネスマナー集』を原点として、マンガならではの笑いがあって楽しいストーリーを通して、ビジネスマナーの理解をさらに具体的でわかりやすいものに進化させたものです。

作・画：中尾 佑次
企画・執筆：青山 均・志賀 利一・勝田 俊一・江國 泰介・渡邉 一郎
判型／頁数：Ａ５判／172頁
定価（本体1,500円＋税）　　ISBN：978-4-86371-319-2

随所にビジネスマナーの
行動パターンを収録

■ 「新・見てわかるビジネスマナー集」企画編集委員会委員

志賀 利一	社会福祉法人横浜やまびこの里相談支援事業部長
表 昇	東京都立墨田特別支援学校主任教諭
堀江 美里	NPO 法人 WEL'S 就業・生活支援センター WEL'S TOKYO
岸岡 裕江	社会福祉法人電機神奈川福祉センター ぽこ・あ・ぽこ
渡邉 一郎	足立区福祉部高齢者施策推進室高齢福祉課高齢援護係
江國 泰介	特定非営利活動法人ゆるら 地域相談室ぽらりす 相談支援専門員 / 社会福祉士
青山 均	横浜市社会福祉協議会障害者支援センター セイフティーネットプロジェクト横浜アドバイザー

本文／表紙デザイン　株式会社アトム☆スタジオ　小笠原 准子
本文／表紙イラスト　中尾 佑次

知的障害・発達障害の人たちのための
新・見てわかるビジネスマナー集

2020年 1 月 2 日　　初版第 1 刷発行　　　2023年 8 月 1 日　　初版第 8 刷発行
2020年 4 月19日　　　　第 2 刷発行
2021年 1 月30日　　　　第 3 刷発行
2021年 3 月22日　　　　第 4 刷発行
2022年 2 月11日　　　　第 5 刷発行
2022年 4 月21日　　　　第 6 刷発行
2023年 2 月23日　　　　第 7 刷発行

編　著　「新・見てわかるビジネスマナー集」企画編集委員会
発行者　加藤 勝博
発行所　株式会社 ジアース教育新社
　　　　〒101-0054　東京都千代田区神田錦町 1-23　宗保第 2 ビル
　　　　TEL 03-5282-7183　FAX 03-5282-7892
　　　　E-mail：info@kyoikushinsha.co.jp
　　　　URL：https//www.kyoikushinsha.co.jp/

印刷・製本　シナノ印刷株式会社
○定価はカバーに表示してあります。
○乱丁・落丁はお取り替えいたします。（禁無断転載）

Printed in Japan
ISBN978-4-86371-517-2